Menschen mobilisieren

Hebel und Prinzipien erfolgswirksamer Führung

Die in diesem Buch aufgeführten Ratschläge wurden von dem Herausgeber und den Autoren sorgfältig geprüft. Eine Garantie bzw. Haftung kann jedoch nicht übernommen werden.

Impressum

Copyright: © 2005 by edition punktuell., CH-9101 Herisau

Herausgeber: PRO4S & Partner GmbH, CH-9200 Gossau SG

Satz und Gestaltung: Monika Koller Müller, PRO4S & Partner GmbH

Korrektorat: Hans Müller

Bildbearbeitung und Druck: Appenzeller Medienhaus

Ausrüstung: Buchbinderei Burkhardt AG

Alle Rechte der Verbreitung, auch durch Film, Radio und Fernsehen, fotomechanische Wiedergabe, Tonträger, elektronische Datenträger, Onlinemedien und auszugsweise Nachdruck sind vorbehalten.

ISBN: 3-905724-02-2

www.editionpunktuell.ch

www.pro4s.com

Menschen mobilisieren

Hebel und Prinzipien erfolgswirksamer Führung

Prof. em. Dr. Dres. h.c. Rolf Dubs

Institut für Wirtschaftspädagogik
Universität St.Gallen (HSG)

St.Gallen, 5. April 2005

Der von den Fortschritten in der Technologie, von den steigenden Ansprüchen aller Menschen und von der Globalisierung geprägte Wandel in der Gesellschaft und in der Wirtschaft fordert von den Unternehmungen viel Kreativität, um mit Innovationen in der Zukunft bestehen zu können. Innovationen setzen realistische Visionen und eine angemessene Risikobereitschaft voraus. Leider wird aber diese Risikobereitschaft gegenwärtig durch verschiedene Entwicklungen behindert. Zunächst sind es die Zwänge der immer stärker abgesicherten Planungen, um überhaupt noch eine Chance für Kapital und Kredite zu haben. Dann beschränken zum Teil unnötige Empfehlungen der modernen Corporate Governance, die in der öffentlichen Meinung immer häufiger zu Regeln hochstilisiert werden, die Risikofreude in beträchtlicher Weise. Und schliesslich gibt es Managementwerke, welche sich immer noch als Patriarchen verstehen und glauben, sie allein wüssten, in welcher Richtung sich die Gesellschaft und die Wirtschaft entwickeln müssten. Die Folge dieser Entwicklung sind Planungen ohne überzeugendes unternehmerisches Handeln, Formalismen ohne Beitrag zur Wertschöpfung und Unternehmungsführung ohne Vergemeinschaftung von Neuem in Unternehmungen. Diesem Trend will dieses Buch entgegenwirken. Es will Wege aufzeigen, wie Menschen in Unternehmungen zu mobilisieren sind, damit sie alle Fragen, Denkimpulse und Ideen in das unternehmerische Handeln einbringen können. Persönliche Entfaltung und Vernetzung, Initiative und Umsetzung sollen Planen, Verwalten und Bewahren ablösen. Dazu gibt das Buch viele interessante Anregungen. Eines darf aber nicht vergessen werden: Praktische Anregungen bedürfen einer guten theoretischen Grundlage. Ohne klare theoretische Konzeptionen über die Gestaltung und Führung einer Untersuchung laufen Empfehlungen die Gefahr, Kommunikation und Innovation zu erschweren, weil das gemeinsame Denkgerüst fehlt.

Prof. Dr. Johannes Rüegg-Stürm

Institut für Betriebswirtschaft,
Universität St.Gallen (HSG)

St.Gallen, 3. April 2005

Nicht an guten Ideen mangelt es vielen Unternehmungen, sondern an deren wirkungsvoller Umsetzung. Den Eckstein einer erfolgreichen Umsetzung neuartiger Ideen, Geschäftsmodelle oder Strategien bildet die *Vergemeinschaftung* eines attraktiven Zukunftsbilds und eines nachvollziehbaren Wegs zur Realisation dieses Zukunftsbilds. Die Individualisierung des modernen Menschen führt bei uns allen und auch bei Führungskräften dazu, dass die Führungsarbeit stark vom Individuum her wahrgenommen wird. Es zählt nur das und wird als hinreichende Erfolgsbedingung betrachtet, was *einzelne* Führungskräfte als Individuen denken, wissen, tun oder unterlassen. Darauf deutet auch die Explosion der Gehälter hochrangiger Führungskräfte hin. Das Thema *Organisation, Kollektivierung* und *Vergemeinschaftung* von Neuem wird dagegen sträflich vernachlässigt. Es wird vielfach völlig verkannt, dass entscheidende Ideen und die Energie für ihre Weiterentwicklung und Realisation *im* Dialog, *im* Gespräch, *in* der gemeinsamen konstruktiven Auseinandersetzung engagierter Menschen entstehen. Genau an dieser Stelle setzt dieses Buch an. *Menschen mobilisieren* heisst gemeinsam Bedingungen zu schaffen, in denen sich Menschen konstruktiv begegnen können, in denen sie sich vernetzen und auf eine wertschätzende Weise ihre Erfahrungen, Erwartungen, Fragen, Denkimpulse, Kreativität, Talente und Vorstellungskraft einbringen können. Menschen mobilisieren heisst *Strukturierung von Kommunikation,* die so viel *Prozesssicherheit* und *Vertrauen* schafft, dass Menschen bereit und motiviert sind, sich gemeinsam auf neue Wege und Lösungen einzulassen.

Allerdings gibt es erfahrungsgemäss keine Garantien für das Gelingen von Begegnung und keinen Königsweg zu erfolgreichem Wandel von Unternehmungen. Wohl aber gibt es ein paar Grundprinzipien, Führungs- und Organisationspraktiken, welche die Wahrscheinlichkeit des Gelingens erhöhen. Dieses Buch enthält eine wertvolle Blütenlese bedenkenswerter Praktiken und Prinzipien mit der freundlichen Einladung zum mutigen Experiment einer engagierten Nachahmung.

Zu diesem Buch

Nein! Nicht schon wieder ein Management-Wälzer! Wieder so ein Heilsbringer! Eine Great Man Theory! Nehmen Sie dieses Buch, wenden Sie diese Methode an, dann werden Sie Erfolg haben. Nein, das ist es nicht. Und überhaupt: Wir haben dieses Buch nicht in erster Linie für Sie geschrieben. Dieses Buch haben wir aus reiner Neugier für uns selbst geschrieben: Wir wollten mal rausfinden, warum unsere Kunden erfolgreich sind und was wir dazu beigetragen haben. Wir haben es herausgefunden und das Extrakt dieser Erkenntnisse, der Aceto Balsamico, liegt Ihnen nun vor. Sie lesen es gerade und werden Teil eines Mobilisierungsprozesses.

Von Yokohama bis Minneapolis, von Nordeuropa bis Südafrika, in den letzten zehn Jahren haben wir mit unterschiedlichen Menschen unterschiedlicher Sprachen, Kulturen und Religionen weltweit zusammengearbeitet, Menschen verschiedener Altersgruppen, Menschen in Firmen verschiedener Branchen – Industrie, Dienstleistung, öffentliche Verwaltung –, Menschen auf unterschiedlichen Führungsebenen. Die Zusammenarbeit mit diesen Menschen ist so bunt und vielschichtig wie die Autorschaft dieses Buches: Jung und Alt, Mann und Frau, ledig und verheiratet, mit und ohne Kinder.

In der Zusammenarbeit mit diesen Menschen haben wir in unterschiedlichen Projekten an den Nahtstellen zum Markt und zu den Kunden sowie in der Realisierung und Erfüllung der Markt- und Kundenbedürfnisse immer wieder eine einschneidende Erfahrung gemacht: Wir Menschen sind Wissensriesen, aber Realisierungszwerge. Doch man kommt nur mit Menschen zum Erfolg.

Seit Jahren beschäftigen wir uns mit der Frage, wie Menschen mobilisiert werden. Welches sind die Hebel der Mobilisierung im Unternehmen, im Beruf, in der Familie? Was motiviert Menschen? Den Kunden? Ganze Märkte? Die Mitarbeitenden? Es geht dabei nicht nur um Erfolg und Produktivität – es geht vor allem auch darum, mit interessanten Menschen attraktive Zukunftsbilder zu realisieren, Spass zu haben, gesund zu bleiben, die Familie zu geniessen.

Die Menschen ringen immer wieder mit den gleichen Herausforderungen: im Umgang mit unzähligen Menschen und Gemeinschaften im Markt und bei Kunden, im Umgang miteinander. Sie scheitern an der Komplexität von Markt- und Kundenbedürfnissen, Produkten, Methoden, Konzepten und IT-Systemen. Sie rufen nach Vereinfachung. Sie haben genug von komplexen Methoden und Systemen, die selbst zum Projekt werden. Wir konzentrieren uns auf das Wesentliche, auf den Aceto Balsamico, auf komprimiertes Wissen, unabhängig von Branche und Kultur – auf Prinzipien der Mobilisierung. Wir leben selber nach diesen Grundsätzen und investieren unsere Energien und Ressourcen im Sinne dieser Prinzipien. Ihre Agenda beweist, wo hinein Sie Ihre Energien stecken: In die Menschen, die Ihnen wichtig sind? In langweilige Projekte, die Sie nicht weiterbringen? In Ihre Kunden? Machen Sie den Agenda-Test: Er zeigt Ihnen auf, ob Sie nach den richtigen Prinzipien leben und ob Sie die Hebel zur Verwirklichung Ihrer erfolgreichen Zukunft an den richtigen Stellen ansetzen.

Verwenden Sie dieses Buch wie ein Fotoalbum, in dem man immer wieder neugierig schmökert, um neue, interessante, bewegende, spannende und aufschlussreiche Aspekte der Mobilisierung im Unternehmen, im Markt, bei den Kunden, bei Ihren Mitarbeitenden und in Ihrer Lebensfamilie zu entdecken und vor allem direkt anzuwenden. Unsere Partner, Familien, Freunde und Kunden kommen in diesem Buch zu Wort und zeigen Ihnen, welche ihre ganz persönlichen Erfolgsgeschichten bei der Anwendung unserer Hebel und Prinzipien der Mobilisierung sind.

Dafür danken wir unseren Partnern, unseren Familien, unseren Freunden und unseren Kunden herzlich. Wir sind auch dankbar für unsere Plattformen an verschiedenen Universitäten im In- und Ausland, insbesondere an der Universität St.Gallen, sowie an verschiedenen Fachhochschulen, die uns immer wieder das Vernetzen und Austauschen mit interessierten und interessanten Menschen ermöglichen.

Wir danken auch den Professoren, Topmanagern und Führungskräften aus Politik und Wirtschaft für ihre motivierenden Beiträge in diesem Buch.

Lassen Sie sich mobilisieren und mobilisieren Sie andere!

Ganzheitliche Qualifizierungsoffensive

Erfolgreiche Mobilisierung von
Kundenberatern

Weltweite Befähigung
von Key-Account-Managern

Prozessanalyse und -optimierung

Die mobile Einsatztruppe
als Macher vor Ort

Frauen mobilisieren

Manager – Wirklichkeit und Vision

Agenda – Spiegel des Erfolgs

Der PRO4S-Agenda-Check

Wer vor Was vor Wie

Vernetzen

Mobilisierungsplattformen

Kommunizieren –
Visualisieren

Macher vor Ort

Befähigung
zur Selbstbefähigung

Seite 59

Die PRO4S Mobilisierungshebel
und -prinzipien

Seite 119

Für den ersten Eindruck
gibt es keine zweite Chance

Mobilisieren für den dritten
Lebensabschnitt

Auf die Erfolgsumgebung
kommt es an

Wie dieses Buch entstand...

Seite 13

ite 35

	Gemeinsam zum Erfolg	Mit Menschen zum Erfolg — 13
	Sich und andere mobilisieren	
	Gemeinsame attraktive Zukunftsbilder	Mobilisieren Sie Menschen! — 35
	Sich entwickeln – Quelle des Erfolgs	
Die Hebel der Mobilisierung		Mit Mobilisierungsprinzipien zum Erfolg — 59
Erfolgreich zusammenspielen		
Ist das alles? Braucht es nicht noch mehr?		
		Praxisbeispiele — 119
		PRO4S Partner und Kunden — 157

Mit Menschen zum Erfolg

Mit Menschen zum Erfolg

„Wenn einer allein träumt, ist es nur ein Traum. Wenn viele miteinander träumen, ist das der Anfang einer neuen Wirklichkeit"

Friedensreich Hundertwasser (1928 – 2000), österreichischer Maler

Auf die Frage nach dem Erfolgsgeheimnis von Ferrari antwortete Teamchef Jean Todt: „Hingabe, Respekt und Harmonie." Jeder dieser Erfolgsfaktoren hat direkt mit menschlichen Fähigkeiten, Emotionen und Tugenden zu tun. Jean Todt hätte auch sagen können: „PS, Aerodynamik, die Reifen und das Budget machen den Erfolg aus." Doch Todt weiss, dass der Faktor Mensch den Unterschied bewirkt. Erfolge sind nicht das Ergebnis von Methoden und Instrumenten, sondern vom richtigen Team. Die richtigen Menschen am richtigen Ort werden automatisch das Richtige tun. Und wenn sie es noch nicht können, werden sie nicht lockerlassen, bis sie es können, oder sie erweitern ihr Team um jemanden, der die gesuchten Fähigkeiten und das spezielle Wissen mitbringt. Menschen sind erfolgreich, weil sie gemeinsam an attraktive Zukunftsbilder glauben und sich als Teil des Räderwerks für deren Realisierung einbringen.

Warum mit Menschen zum Erfolg?

Sie denken und handeln menschenorientiert, um damit Erfolge im Markt und bei Kunden, bei den Mitarbeitenden, bei der Führung und für sich selbst zu erzielen. Konsequent angewendet, bewirken menschenorientiertes Denken und Handeln

...im Markt und bei den Kunden:

- eine grössere Nähe zu den Kunden
- grössere Verbindlichkeit durch Dialog
- engere Bindung an die Lieferanten und Partner
- besseres Verständnis für die Bedürfnisse und somit das bessere Sortiment von morgen
- grössere emotionale Wirkung bei den Kunden und somit mehr Umsatz und Gewinn
- mehr Spass und Erfolg, wenn die richtigen Leute miteinander arbeiten

...bei den Mitarbeitenden:

- grössere Leistungsbereitschaft durch Wertschätzung und Interesse
- grössere Mitarbeiterzufriedenheit durch Feedback und Anerkennung
- bessere Leistungen durch Respekt
- bessere Entwicklung der Mitarbeitenden und der Teams

Auf einen Blick

...bei der Führung:

- Multiplikation von Leistung über den Hebel Mensch
- Zuverlässigkeit Ihres Teams
- wettbewerbsorientiertes Erfolgsklima
- verbesserte Kultur des Vertrauens
- bessere Zielerreichung durch hohe Verbindlichkeit

...bei Ihnen persönlich:

- Sie ernten Dankbarkeit und Freude dank sinnstiftender Tätigkeit
- Sie sind auch bei grossem Erfolg nie allein
- Sie können auch ohne grosses Budget viel bewegen
- Leid halbiert sich, Glück verdoppelt sich
- Sie entlasten sich selbst

Seite 18 — **Gemeinsam zum Erfolg**
Die grossen Herausforderungen unserer Zeit lassen sich nur gemeinsam meistern.

Seite 22 — **Sich und andere mobilisieren**
Erst mobilisierte Menschen hauchen den Managementkonzepten Leben ein.

Seite 26 — **Gemeinsame attraktive Zukunftsbilder**
Attraktive Zukunftsbilder erschliessen ein unvorstellbar grosses Erfolgspotenzial.

Seite 30 — **Sich entwickeln – Quelle des Erfolgs**
Der Wille zur Entwicklung treibt uns alle an.

Gemeinsam zum Erfolg

Erfolg hat viele Gesichter. Für die einen bedeutet er einfach Geld, für andere die Chance zur Fortentwicklung. Damit eine Gruppe von Menschen miteinander Erfolg hat, ist eine gemeinsame Erfolgsvorstellung notwendig. Das Miteinander ist besonders wichtig, weil die Energien aller Beteiligten benötigt werden, um Nachhaltigkeit rasch zu erreichen. Geteilter Erfolg weitet sich wie ein Wellenschlag aus.

Die Tagespresse zeigt auf, dass erfolgreiche Unternehmen grosse Gewinne erwirtschaften und dennoch alljährlich noch zulegen können. Die 35-jährige engagierte Frau eines erfolgreichen Unternehmers nennt als grössten Erfolg das langfristige glückliche Zusammenleben ihrer Familie. Sie misst diesen Erfolg unter anderem an der Zeit, die ihr Mann für sie und die Kinder hat. Auf die gleiche Frage antwortet eine Mitarbeiterin des Unternehmens, dass sie dank ihrer neuen Stelle eine Herausforderung erlebe, die ihr völlig neue Perspektiven eröffne. „Erfolg ist, wenn ich etwas tue, andere das gut finden und es mir zu erkennen geben", sagt eine siebzehnjährige Schülerin auf die Frage, was sie unter Erfolg verstehe. Erfolg hat viele Varianten. Es gibt keine allgemein gültige Definition.

Gemeinsam zum Erfolg

Unser Tipp für Sie...

Strategie gegen Einsamkeit

Erfolgreiche Menschen sind häufig einsam, weil sie andere nicht am Erfolg teilhaben lassen. Wen haben Sie an Ihrem letzten Erfolg teilhaben lassen? Überlegen Sie sich, wer einen Beitrag an Ihren Erfolg geleistet hat. Greifen Sie zum Telefonhörer und laden Sie zum gemeinsamen Essen ein!

Gemeinsam dem Erfolg ein Gesicht geben

Jeder Mensch definiert Erfolg persönlich. Was hat nun dieser persönlich definierte Erfolg mit den Unternehmenszielen zu tun? Sie kennzeichnen nichts anderes als gemeinsam vereinbarte Erfolgsvorstellungen. Es geht also darum, die Erwartungen der verschiedenen Anspruchsgruppen an ein Unternehmen in Übereinstimmung zu bringen. „Harmonisieren der Gesamtinteressen" nennen das die Betriebswirtschafter. In Unternehmen, die das nicht tun, spielen die Mitarbeitenden nicht mehr mit, die Kunden kaufen bei der Konkurrenz oder der Staat verschlechtert die Rahmenbedingungen in Form von Steuern oder Vorschriften. Wollen wir die Fähigkeiten von Menschen für ein Unternehmen nutzen, so brauchen wir deren Zustimmung zum Unternehmensziel.

Die Unterstützung jedes Einzelnen erhalten wir, wenn für jeden ein Stück Erfolg fassbar wird. Was für grosse Unternehmen gilt, zählt auch im Kleinen. Familien, in denen alles nach dem Willen eines Einzelnen geht, haben langfristig keinen Erfolg. In der erfolgreichen Familie fragt man das Individuum nach dessen Interessen und Vorlieben: Was ist für Sie wichtig? Worauf legen Sie besonderen Wert? Was erwarten Sie von den anderen? Das sind zentrale Fragen. Selbstverständlich können nicht immer alle Interessen berücksichtigt werden. Idealerweise schafft man genügend Verständnis für die gegenseitigen Anliegen, um sich einander anzunähern. Dieses Verständnis ist das Ergebnis eines kommunikativen Prozesses, der Zeit braucht. Weil Erfolg etwas Persönliches ist und weil wir nicht allein auf der Welt sind, müssen wir dem gemeinsamen Erfolg

ein Gesicht geben. Das erreichen wir nur im gemeinsamen Gespräch.

Verbreiten Sie den Erfolg und freuen Sie sich miteinander

Nichts ist anziehender als Erfolg. Das gilt privat wie geschäftlich. Mit dem Erfolg ist es wie mit dem Glück: Beide gehören zu den wenigen Dingen im Leben, die mehr werden, wenn man sie teilt. Gönnen Sie sich und anderen täglich ein Stück vom Erfolgskuchen. Lassen Sie möglichst viele Menschen an Ihrem Erfolg teilhaben. Das Stück wird prozentual zwar kleiner, doch durch das Teilen wächst die Zahl der Kuchenstücke. Ihr Stück wird gerade durch das Teilen genussreicher. Nichts macht einsamer als Erfolg, wenn man ihn nicht teilt. Sie verdienen zwar mehr Geld und können sich tolle Dinge leisten. Wenn Sie aber allein sind – mit wem wollen Sie sich über all den Luxus freuen? Es ist doch jammerschade, wenn Sie sich mit niemandem über ein erfolgreiches Meeting oder ein Gewinn bringendes Geschäft freuen können. Bereitet es Ihnen Freude, ihr Cabriolet, das Sie sich vom letzten Bonus gekauft haben, nur nachts aus der Garage zu fahren und damit nur dort zu erscheinen, wo man Sie nicht kennt? Das kann doch kein Vergnügen bereiten! Es ist wichtig, dass auch Ihr Umfeld erfolgreich ist. Wenn Sie wollen, können Sie ihren Erfolg wie einen Wellenschlag ausweiten. Dessen Wirkung erfasst alle und vermittelt ungeahnte Kräfte. Menschen, die mit dem Erfolgsvirus infiziert sind, denken und handeln in dieselbe Richtung und wollen immer und immer wieder das Glücksgefühl des Erfolgs erleben. Das schafft eine Kultur des Vertrauens.

Gemeinsam zum Erfolg

Rascher und nachhaltiger Erfolg

Vieles spricht dafür, dass wir unsere Ziele rasch erreichen müssen: die Bonussysteme unserer Firmen, unsere Ungeduld und die Kurzfristigkeit unseres Erinnerungsvermögens oder die Erkenntnis, dass wir das Eisen schmieden müssen, solange es heiss ist. Alle Forderungen nach raschen Erfolgen setzen Nachhaltigkeit voraus. Denn was wir erreicht haben, wollen wir nicht im nächsten Augenblick verlieren. Auf der Erfolgsleiter steigen wir Sprosse um Sprosse empor. Jeder Tritt ist ein Teilerfolg. Jeder verwirklichte Erfolg – und ist er noch so klein – gibt Sicherheit und schafft Vertrauen in uns selbst und in die Menschen um uns herum. Die Begriffe „rasch" und „nachhaltig" werden zwar häufig als Widerspruch empfunden. Für uns geht es nicht um die Entscheidung, ob rascher oder nachhaltiger Erfolg erstrebenswerter sei, sondern um die Frage wie wir rasch Nachhaltigkeit erzielen. Diese Herausforderung ist nur gemeinsam zu meistern.

Hans Vögeli
CEO Zürcher Kantonalbank

„ *Wer andere bewegen will, muss selbst bewegt sein. Nur wer mit fachlicher Professionalität, persönlicher Integrität und menschlicher Emotionalität glaubwürdig und fassbar auftritt, kann Mitarbeiter überzeugen, auf eine gemeinsame Vision hinzuarbeiten, und ihnen das Vertrauen und die Begeisterung vermitteln, auch hoch gesteckte Ziele gemeinsam zu erreichen.* "

Sich und andere mobilisieren

Wenn man die aktuelle Managementliteratur betrachtet, gibt es immer mehr Konzepte und Instrumente, die ein Unternehmen aus einem immobilen, trägen, erstarrten und veränderungsresistenten Zustand führen sollen.

Motivation und Energie in einer Abteilung, in einem Teilbereich oder in einer Firma basieren aber nicht primär auf ausgeklügelten Konzepten, sondern auf motivierten Menschen, die den Regelwerken Leben einhauchen. Mobilisierte Menschen stellen den mit Abstand grössten Hebel für den Erfolg dar.

Stellen Sie sich vor: Sie haben vor 18 Monaten mit sehr grossem Aufwand an Menschen, Zeit und Geld ein Business Reengineering durchgeführt. Sie sind überzeugt, die nach neuesten wissenschaftlichen Erkenntnissen richtige Methodik gewählt zu haben. Der neuste Halbjahresabschluss zeigt aber entgegen Ihrer Erwartung keine positive Veränderung. Sie sind enttäuscht und Sie wissen nicht, woran es liegt?

Was haben wir nicht schon alles probiert!
Als Führungskraft bilden Sie sich regelmässig weiter. So haben Sie im Verlauf der letzten Jahrzehnte eine ganze Reihe neuer Konzepte und strategischer Instrumente kennen gelernt und zum Teil auch ausprobiert. Die Menükarte besteht aus Speisen wie:

– Supply Chain Management – Reengineering – Total Quality Management – Core Competences – Knowledge Management – Total Customer Focus – Pay for Performance – Cycle Time Reduction – Outsourcing – Activity-based Management – Balanced Scorecard – Lean Management – Visioning – Target Costing – Target Pricing – Benchmarking – Virtual Teams – Job Enlargement – Empowerment – Strategische Allianzen – Market Disruption Analysis – One to One Marketing –

Sich und andere mobilisieren

Erwin Steiger
CEO DemoScope AG
Research & Marketing

„ *Menschen mobilisieren sich von selbst, wenn sie spüren,*

- *dass ihnen ein Unternehmer und nicht ein Manager vorangeht*
- *dass Verantwortung nur mit Kompetenz zusammen verliehen wird*
- *dass Kundenzufriedenheit wichtiger ist als rasche Kostensenkung*
- *dass langfristiger Werteaufbau und nicht kurzfristige Gewinnmaximierung im Zentrum steht*

Erfolge werden nicht mit Strategien und Strukturen erzielt, sondern mit engagierten Mitarbeiterinnen und Mitarbeitern. "

> **Gedankenstopp**
>
> *Erinnern Sie sich an Pestalozzis alte Lernformel: „Lernen mit Kopf, Herz und Hand." Erweitern Sie diese um Ihren Willen und um das Team, das Ihnen hilft, Ihre Ziele zu erreichen.*
>
> *Somit gilt folgende Formel: Erfolg = Kopf x Herz x Hand x Wille x Team.*
>
> *Der Erfolg ist null, wenn eine oder mehrere der Grössen null ergeben.*
>
> *Überlegen Sie sich den Wert Ihrer persönlichen Erfolgsformel.*

Shareholder Value – Customer Retention and Segmentation – Real Option Analysis – Mission Statements – Customer Satisfaction – Scenario Planning.

Entschuldigen Sie, wenn wir einen Ansatz vergessen haben, den Sie gerade studieren oder anwenden. Was haben all diese Instrumente und Konzepte gemeinsam? Wenn wir diese Vielzahl an Instrumenten und Konzepten im Detail betrachten, fällt eines auf: Sie alle funktionieren unter denselben Voraussetzungen:

- Die Führungskräfte müssen das Konzept verstehen und dahinterstehen.

- Das Konzept muss den Mitarbeitenden und den Führungskräften einfach verständlich gemacht werden, damit sie es im eigenen Arbeitsbereich anwenden können. Konzepte sind nämlich in den seltensten Fällen einfach.

- Die Instrumente müssen über einen längeren Zeitraum benützt werden, damit sich alle Beteiligten daran gewöhnen und sich die Wirkung entfalten kann.

- Die Aktivitäten müssen sich positiv auf die Kunden und den Markt auswirken.

Offensichtlich sind die Voraussetzungen wichtiger als der Ansatz selbst. Oder anders gesagt: Wenn alle am selben Strick in dieselbe Richtung ziehen, lässt sich jeder Ansatz mithilfe des nötigen Glaubens erfolgreich in die Praxis umsetzen.

Mobilisieren macht den Unterschied

Viele Organisationen und Menschen haben einen Teil ihrer Mobilität im Laufe der Zeit verloren. Wir alle wissen, wie wichtig körperliche Fitness und Bewegung sind. Obschon viele über dieses Wissen verfügen, gelingt es den wenigsten, sich aufzuraffen und regelmässig sportlich aktiv zu sein. Mobil sein heisst in Bewegung sein, in Aktion sein, aktiv sein, Leistung erbringen, auf dem Weg sein. Unter Mobilisieren von Menschen verstehen wir das Wiederaufleben ungenützter Resourcen, das Öffnen der Augen, das Aktivieren ruhender Muskeln, das Anstossen blockierter Energien, das Aufladen leerer Batterien, das Energetisieren und Motivieren, Wecken von Leidenschaft und das Schaffen des Wir-Gefühls. Überlegen Sie sich einmal, worin der Unterschied zwischen dem regelmässigen individuellen Lauftraining und der Teilnahme an einem Läufertreff besteht. Der Gegensatz zwischen einem passiven Zuschauer während der Übertragung eines Tennismatches im Fernsehen und einem aktiven Tennisspieler auf dem Centrecourt entspricht jenem zwischen Konsumieren und Produzieren. Wie gross ist die Differenz zwischen dem Besuch und der Referententätigkeit während einer Kundenveranstaltung? Von diesen Unterschieden und wie man von der einen auf die andere Seite gelangt, davon handelt dieses Buch.

Nehmen wir als Beispiel die Leistungen eines Radrennfahrers während der Tour de France. Die materiellen Voraussetzungen wie ein perfektes Rennrad, die richtige Nahrung und Kleidung sowie der gute Trainingszustand sind wohl die notwendigen Voraussetzungen für Spitzenleistungen, wie sie nur schon für die Teilnahme an der Frankreich-Rundfahrt verlangt werden. Diese Erfordernisse genügen noch nicht für eine erfolgreiche Teilnahme. Erst die „weichen" Faktoren wie die Zusammensetzung und die Entwicklungsmöglichkeiten im Team, die Anteilnahme der Betreuer, die Anerkennung (Maillot jaune!) usw. machen aus dem einfachen Teilnehmer einen Sieger! Zudem erleben erfolgreiche Einzelsportler wie Mannschaften eine positive Spirale: Sie eilen von Erfolg zu Erfolg. Gemeinsam erzielte Siege sind eine sehr fruchtbare Grundlage weiterer Erfolge und mobilisieren ungeahnte Kräfte! Voraussetzung dafür sind verständliche Zielsetzungen, die einen sichtbaren Nutzen und auch seine Erreichbarkeit klar aufzeigen. Die Ursachen für eine nachhaltige Steigerung der Unternehmensleistung befinden sich zu einem geringeren Teil auf der rein rationalen Ebene. Viel mehr sind die Grundlagen für anhaltenden Erfolg auf der Ebene der Gefühle, der Emotionen, des Wollens, der Ideen usw. zu finden.

Menschen mobilisieren: Gemeinsames Verständnis?
Analog zu den Prozessdokumentationen, die das Zusammenspiel verschiedener Abläufe im Unternehmen regeln, ist das gemeinsame Verständnis der beteiligten Menschen notwendig, um diese wirkungsvoll zu mobilisieren. Dadurch wird erreicht, dass alle Kräfte mobilisiert und die Hebel konzentriert am richtigen Ort angesetzt werden.

Von grosser Bedeutung ist aber auch die schnelle und gute Kommunikation innerhalb des Unternehmens und zwischen den Beteiligten. Als Resultat werden Sie schneller Erfolg erzielen.

Menschen mobilisieren: Warum?
In vielen modernen Organisationen werden die Mitarbeiterkapazitäten nur zu 20% genützt. Glückliche Mitarbeitende sind aber fähig und gewillt, viel mehr als diese 20% zu leisten. Die Mobilisierung dieser brachliegenden Kapazität bietet den Schlüssel für Ihren Erfolg, aber auch für den Erfolg Ihrer Umgebung. Natürlich müssen die strukturellen, organisatorischen und ablauftechnischen Voraussetzungen in Ihrer Unternehmung stimmen, aber nicht nur dort. Der Haupthebel befindet sich beim Menschen.

Es genügt nicht, mechanistisch perfekt ausgeklügelte Regelwerke zu betreiben und strikte Vorschriften zu befolgen! Vielmehr muss es Ihnen als Chef gelingen, das schlummernde Potenzial der Menschen zu mobilisieren, indem Sie gleichzeitig auch die Grundbedürfnisse der involvierten Mitarbeitenden und Führungskräfte befriedigen.

Teilen Sie den Erfolg, damit Ihr Erfolg Sie nicht einsam macht.

Sich und andere mobilisieren

Gemeinsame attraktive Zukunftsbilder

Menschen wollen erfolgreich sein. Damit ein Team von der Gesamtheit aller Kräfte profitieren kann, müssen die einzelnen Kräfte auf ein gemeinsames Ziel hin ausgerichtet werden. Positive und attraktive Zukunftsbilder helfen dabei. Gelingt es uns, die Energien, Hoffnungen und Leidenschaften vieler Menschen auf dieselben Zukunftsbilder abzustimmen, resultiert ein grosses Erfolgspotenzial.

Alle kennen das aus eigener Erfahrung: Die persönliche Leistungsbereitschaft und Leistungsfähigkeit sowie die erreichten Ergebnisse können massiv variieren. Stimmt das Umfeld, sind alle zu enormen Leistungen fähig. Ist aber Sand im Getriebe, weil z.B. die falschen Leute zusammenarbeiten (müssen), kann das Ergebnis gleich null, ja sogar negativ sein, da man sich in der Gruppe streitet oder bereits Erreichtes sogar vernichtet.

Was motiviert Menschen zur Leistung? Ist es die fertige Mauer, die ein Maurer schon am Morgen vor seinem geistigen Auge sieht? Ist es die Vorfreude auf den Augenblick, in dem ich das erste Mal in einer Fremdsprache erfolgreich an einem Gespräch teilnehme und dafür gelobt werde? Ist es die Möglichkeit, mit Freude und Spass einer interessanten Tätigkeit nachzugehen? Ist es die Chance, meine ureigenen Fähigkeiten zu beweisen und in dem, was ich am besten kann, auch einzigartig zu sein? Ist es die Hoffnung auf Wertschätzung und Anerkennung? Ist es die Chance, für etwas verantwortlich zu sein? In jedem Fall orientieren wir uns an attraktiven Zukunftsbildern, die uns magisch anziehen und so gleichzeitig geballte Energien freisetzen.

Die Kraft gemeinsamer Zukunftsbilder
Die Physik besagt, dass sich entgegengesetzt wirkende Kräfte aufheben. Genauso verhält es sich mit den menschlichen Energien. Individuen, die nicht auf gemeinsame Ziele hinarbeiten, kommen trotz bestem Willen nicht vom Fleck. Gleichgerichtete Kräfte ergeben eine grosse Gesamtenergie.

Gemeinsame attraktive Zukunftsbilder

Ernst Sutter
CEO Carnavi Holding

„ *Menschen mobilisieren. Jeder Mensch ist ein Individuum mit eigenen Träumen, Wünschen und Zielen.*
Als Führungskraft unseres Unternehmens ist es meine Aufgabe, alle Mitarbeitenden von unserem gemeinsamen Unternehmensziel so zu überzeugen, dass sie ihre eigenen, persönlichen Wünsche und Ziele so einzubinden versuchen, dass sie auf das Unternehmensziel ausgerichtet sind.
In der Folge kann die gemeinsame Zielsetzung mit Freude und Motivation verfolgt und verwirklicht werden. "

Gedankenstopp

Die Gästeliste des Firmenjubiläums ist ein gutes Abbild der Lebensfamilie: Mitarbeiter, Vorstandsvertreter, Besitzer, Lieferanten, Kunden, Behördenvertreter ergeben ein buntes Bild der Menschen, die zur positiven Entwicklung des Unternehmens beitragen. Die Gästeliste anlässlich des 50.Geburtstages ergibt ein Bild der Lebensfamilie aus privater Sicht: Familie, liebe Verwandte, Freunde, Arbeitskollegen aus der Firma und recht häufig sind auch Kunden anzutreffen. Das nennen wir die Lebensfamilie. Deren Mitglieder freuen sich miteinander am Erfolg und leiden miteinander am Unglück und Misserfolg. Die Lebensfamilie nützt Gelegenheiten, um sich zu treffen und miteinander zu diskutieren.

Notieren Sie sich die Namen, die Sie zu Ihrer Lebensfamilie zählen!

Was richtet nun die einzelnen Energien auf einen Punkt in der Zukunft aus? Es sind dies gemeinsame attraktive Zukunftsbilder, Visionen, von denen wir uns einen Mehrwert versprechen. Was verschafft Erfolgserlebnisse? Das Realisieren dieser attraktiven Zukunftsbilder.

Wollen Sie Erfolg bei den Kunden, im Unternehmen oder im Privatbereich, mobilisieren Sie zuerst die positiven Energien Ihrer Lebensfamilie.

Gemeinsame attraktive Zukunftsbilder

Unser Tipp für Sie...

Schaffen Sie für sich mit Ihren Mitarbeitenden und Ihren Kunden attraktive Zukunftsbilder.

Reisen Sie gedanklich in die Zukunft.
Finden Sie die Menschen, die für Sie wichtig und interessant sind.
Beschreiben Sie die Themen, denen Sie sich mit diesen Menschen leidenschaftlich und erfolgreich widmen wollen.
Machen Sie sich ein Bild von den Orten und Plattformen, wo Sie gerne und erfolgreich leben und arbeiten möchten.
Hören Sie interessanten Gesprächen zu und prüfen Sie Ihr Bauchgefühl. Suchen Sie sich selbst in der Zukunft und beschreiben Sie die Rolle und die Arbeit, in der Sie völlig aufgehen und persönliche Zufriedenheit erreichen wollen.
Finden Sie die Menschen, die Ihnen zu diesem Erfolg verhelfen werden.
Beschreiben Sie diejenigen Menschen, die Sie am Erfolg beteiligen und die Sie befähigen, selbst erfolgreich zu sein.

Sich entwickeln – Quelle des Erfolgs

In jedem Menschen schlummern Talente. Menschen, die ihre Talente beruflich nützen, üben nicht nur einen Job aus, sondern verwirklichen ihre Berufung. Wer etwas gern macht, will sich intensiv weiterentwickeln. Wer das tut, wird über kurz oder lang herausragende Leistungen vorweisen können. Werden solche Leistungen wahrgenommen und in Form von Komplimenten oder Geld honoriert, wird der Erfolg gewürdigt.

Erfolgreiche Unternehmen befinden sich im Wettbewerb und stehen somit unter Druck, sich ständig weiterzuentwickeln. Viele Mitarbeitende halten aber mit aller Kraft an der Vergangenheit fest, weil ihnen ihre vertraute Umgebung Sicherheit vermittelt. Ihre Überlegung ist: „Ich bin erfolgreich – also lassen wir es beim Alten, sonst bin ich vielleicht nicht mehr erfolgreich."

Kunden kaufen Vorsprung
Menschen wollen sich entwickeln, insbesondere die Kunden. Entwicklung bringt Vorsprung. Also sollen Produkte und Dienstleistungen, die gekauft werden, dazu verhelfen, diesen Vorsprung zu erreichen. Bei bewährten Produkten suchen die Kunden den Vorteil beim tieferen Preis. Neue Produkte vermitteln den Käufern einen Technologie- oder Image-Vorsprung. Von erworbenen Dienstleistungen erwarten sie einen Vorsprung beim Service oder beim Zeitaufwand, den sie gegenüber ihren Konkurrenten einsetzen können.

Den Vorsprung verkaufen
Wenn Kunden Vorsprung oder Vorteile kaufen wollen, dann müssen Unternehmen diesen Begehren entsprechen, um erfolgreich zu sein. Das leuchtet in vielen Bereichen ein. Viele Mitarbeitende verstehen jedoch nicht, dass kurz nach der erfolgreichen Markteinführung eines Produkts schon das erste Kostensenkungsprogramm anläuft. Geringere Kosten können als tieferer Preis an die Kunden weitergegeben werden. Kaufen die Kunden, so ist es auch unser Vorteil. Unternehmen, die ihren Kunden diesen Vorsprung in Preis, Leistung und Zeit verkaufen, entwickeln sich erfolgreich.

Sich entwickeln – Quelle des Erfolgs

Peter von Grebel
leitete verschiedene Unternehmen in der Papier- und Telecombranche

„ *Wir alle sollten uns intuitiv der Mobilisierung verschreiben, Raum für Verantwortung, Eigeninitiative, Kreativität, Identifikation, aber auch Spass und Freude, einfach Sinn im Tun schaffen. Mobilisierung ist emotional – wer emotional ist, ist bewegt und für Veränderungen offen. Mobilisierung kann nicht per Dekret „verordnet" werden – ein Commitment jeder einzelnen Person ist nötig. Mobilisierung ist auch Eigenleistung.* "

Gedankenstopp

- Sie lernen am besten in einem positiven, kommunikativen Prozess gemeinsam mit Leuten, die Ihnen wichtig sind: Vorgesetzte, Arbeitskollegen, Spezialisten.
- Sie sollten neues Wissen mit Ihrem bereits vorhandenen kombinieren.
- Bestehendes und neu erworbenes Wissen müssen immer wieder kritisch hinterfragt werden.
- Sie nehmen Neues nur dann auf, wenn Mehrwert und Nutzen klar ersichtlich sind.
- Sie lernen nur gut, wenn sie wirklich wollen.
- Sie lernen, wenn Sie ein konstruktives, ehrliches und umsetzbares Feedback von Menschen erhalten, die Sie schätzen.
- Sie lernen, wenn Sie in Ihrer Würde als Erwachsener geschätzt und respektiert werden.

Vorsprung kommt von Menschen

Unter welchen Bedingungen gelingt es, den Kunden Vorsprung zu verkaufen? Es sind Menschen, die diese Bedingungen schaffen, nämlich diejenigen Mitarbeitenden, denen es gelingt, sich schneller und besser zu entwickeln als die am Wettbewerb Teilnehmenden. Sich entwickeln heisst lernen, aber auch vergessen. Lernen und Vergessen sind äusserst anspruchsvolle Prozesse. Denken Sie nur daran, wie schwer Sie sich tun, wenn es darum geht, Akten zu entsorgen, Dateien zu löschen oder Souvenirs vom letzten Urlaub wegzuwerfen. Beim Lernen vergessen wir jedoch allzu oft die Kunden. Wir glauben, wenn wir als Anbieter schnell und gut lernen und vergessen, genüge das für den Erfolg. Die Kunden sind aber ebenso sehr gefordert. Auch sie müssen Neues lernen. Nämlich, welch tolle Ideen wir zwischenzeitlich entwickelt und verwirklicht haben. Die Kunden werden bald erfahren, dass sie mit den neuen Produkten mehr Erfolg haben werden als mit den alten, müssen aber auch vergessen, was bisher gegolten hat. Wenn wir uns als Anbieter ärgern, weil die Kunden unsere neuen Produkte (noch) nicht kaufen wollen, obschon sie doch offensichtlich besser sind, vergessen wir eins: Wir haben einen Informationsvorsprung und im Anschauungsunterricht gelernt, der Kunde noch nicht.

Sich entwickeln bedeutet Bestehendes loslassen und Neues anpacken: alte Seilschaften auflösen und mit neuen Leuten zusammenarbeiten, die gewohnte Fachsprache durch eine neue ersetzen, alte Fähigkeiten den neuen unterordnen, eine alte Rolle aufgeben, damit eine neue Rolle mit Leben erfüllt werden kann.

Wir wollen Vorsprung für unsere Kunden und für uns. Deshalb wollen wir uns und wollen sich unsere Kunden ständig weiterentwickeln. Der Vorsprung ist der sichtbare Erfolg – der Entwicklungswille die Quelle dazu.

Talente entdecken und fördern

Wir machen häufig den Fehler, dass wir aus Schwächen Stärken machen wollen. Das kann nicht funktionieren. Erkennen Sie Ihre wahren Talente und Stärken und setzen Sie Ihre Energien dafür ein, diese Talente auszubauen und zu nützen. In jedem Menschen schlummern Talente. Das heisst aber nicht, dass jeder Mitarbeitende in ein Unternehmen oder eine Abteilung passt – im Gegenteil: Es gibt Mitarbeitende, die können ausgezeichnete Ergebnisse liefern, aber nicht in unserer Firma. Sie gehören in ein anderes Unternehmen, dort werden sie ihre Talente frei entfalten können. Es gibt Kaderleute mit vielen Talenten, aber mit keinen für die Führung. Solche Persönlichkeiten werden in ihren Führungspositionen nie wirklich gut werden, schon gar nicht glücklich. Sie werden sich zwar bemühen, denn auch sie wollen Erfolg. Es fällt schwer, diesen Leuten ehrlich zu sagen, dass sie am falschen Platz sind, nicht etwa, weil sie einen schlechten Job machen, sondern weil sie an anderer Stelle erfolgreicher arbeiten könnten.

Für Sie als Führungskraft bedeutet das auch, dass Sie in Ihrem Unternehmen nach Talenten suchen müssen, die am falschen Ort eingesetzt sind. Konzentrieren Sie sich auf jene, die das Unternehmen braucht, um es erfolgreich zu machen. Suchen Sie nach Leuten, die über die nötigen Voraussetzungen verfügen, setzen Sie sie am rechten Ort ein und fördern Sie sie.

Froh-Lernen statt Droh-Lernen
Viele hegen schlechte Erinnerungen an die eigene Lernvergangenheit. Erinnerungen an die Schule im Allgemeinen und einzelne Lehrkräfte, ätzende Einzelarbeit, Horrorfächer und Prüfungsangst lösen negative Gefühle aus und kennzeichnen ein Klima des Droh-Lernens. Das muss nicht sein. Erwachsene lernen höchst erfolgreich. Aber es soll erwachsenengerecht geschehen. Dauernde Entwicklung ist ohne Lernen nicht möglich. Lebenslanges Lernen ist von derart zentraler Bedeutung, dass es kein Muss sein darf, sondern Spass machen soll. Insgesamt fördert ein konstruktives positives Lehr-/Lernklima den Erfolg massgebend. Nur wer froh lernt, lernt gut.

Unser Tipp für Sie...

Sich entwickeln heisst lernen und vergessen.

Lernen Sie loszulassen. Wer mit beiden Händen die Vergangenheit festhält, hat keine Hand frei, um die Zukunft zu begrüssen.

Sich entwickeln – Quelle des Erfolgs

Mobilisieren Sie Menschen!

Mobilisieren Sie Menschen!

„Gebt mir einen Hebel, der lang genug, und einen Angelpunkt, der stark genug ist, dann kann ich die Welt mit einer Hand bewegen"

Archimedes
(287 – 212 v.Chr.),
griechischer Physiker,
Mathematiker
und Mechaniker

Das erfolgreiche Unternehmen ist geprägt durch mobilisierte Menschen, vorzügliche Kommunikation mit den Kunden und den Mitarbeitenden, Kenntnisse des Marktes und hervorragende Produkte. Entscheidend ist, die Nahtstellen zum Markt, zu den Kunden und zur Projektabwicklung zu erkennen und die Handshakes innerhalb der und zwischen den Nahtstellen sicherzustellen.

Ob Sie erfolgreich sind oder nicht, hängt nicht davon ab, wie gut Ihre Geschäftspläne sind, die an den Businessschulen gelehrt werden. Der Erfolg hängt davon ab, wie Sie als Chef Ihre Mitarbeitenden und sich selbst auf das gemeinsame Ziel hin mobilisieren, zum richtigen Zeitpunkt die richtigen Hebel bewegen und auf Unerwartetes reagieren. Um vorwärts zu kommen, braucht es weniger, als man gemeinhin denkt.

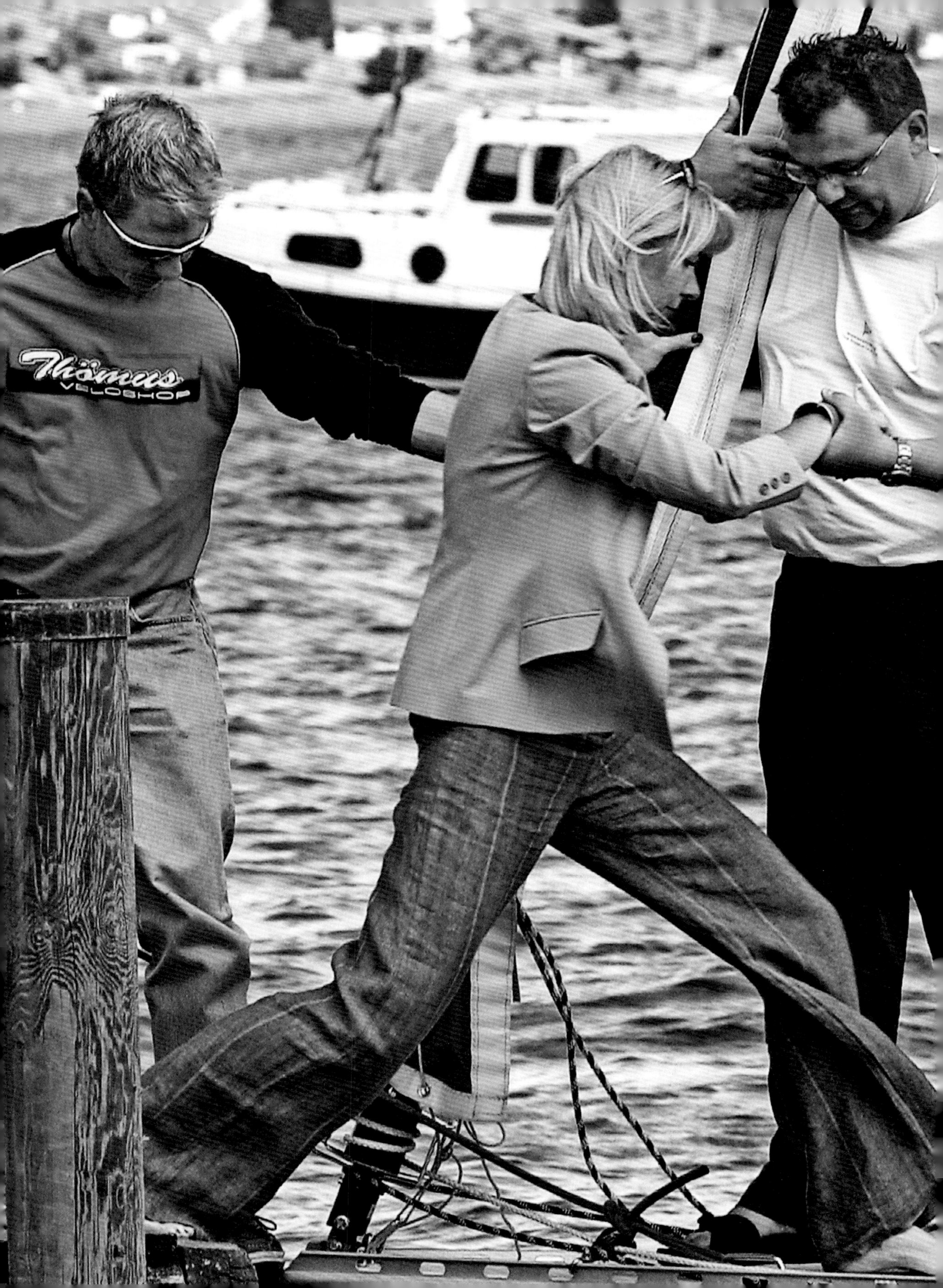
Thömus
VELOSHOP

Warum Menschen mobilisieren?

Weniger ist mehr! Ihre Zeit und Ihre Energie sind das Wichtigste, was Sie zu vergeben haben! Konzentrieren Sie sich deshalb auf die zentralen Hebel, um sich selbst, Ihre Kollegen und Mitarbeitenden sowie Ihre Kunden zu mobilisieren. Erfolgreiche Führungskräfte kennen diese Hebel und wenden sie konsequent an

...im Markt und bei den Kunden:
- das beste und attraktivste Sortiment
- ein tiefes Verständnis für den Markt
- Entwicklung marktgerechter Leistungen und Preise
- beidseitigen Mehrwert
- Netzwerke nach aussen und innen

...bei den Mitarbeitenden:
- Identifikation mit dem Unternehmen
- Interesse für herausfordernde Aufgaben
- Übernahme von Verantwortung
- Umgang mit konstruktiver Kritik
- positive Grundeinstellung und ein unterstützendes privates Umfeld

...bei der Führung:
- offene und ehrliche Kommunikation
- Integration von Kunden und Mitarbeitenden
- Loyalität von unten nach oben und umgekehrt

Auf einen Blick

- Wertschätzung gegenüber Mitarbeitenden
- Ruhe und Sicherheit
- motivierende und attraktive Zukunftsbilder

...bei Ihnen persönlich:
- Leben ohne Stress
- Vertrauen bildende Kommunikation
- positives Denken
- erhöhte Einsatzbereitschaft

Seite 40 — **Die Hebel der Mobilisierung**
Ihre Mitarbeitenden und Führungskräfte konzentrieren sich konsequent auf Märkte, Kunden und Projektabwicklung.

Seite 48 — **Erfolgreich zusammenspielen**
Flexibel zusammenspielen – trotzdem muss jeder zur richtigen Zeit am richtigen Ort sein.

Seite 56 — **Ist das alles? Braucht es nicht noch mehr?**
Die Mobilisierung eines Unternehmens ist eine gross(artig)e Aufgabe, die Ihre volle Konzentration und Aufmerksamkeit verlangt.

Die Hebel der Mobilisierung

Um vorwärts zu kommen, braucht es weniger, als Sie denken, nämlich Menschen, insbesondere Sie selbst, Ihr Umfeld, Ihre Kunden, die Führungskräfte und die Mitarbeitenden, ein attraktives Sortiment sowie erfolgreich generierte und abgewickelte Kundenprojekte!

*Fehlts am Wind,
so greif zum Ruder!*

Um Menschen erfolgreich zu bewegen, ist es entscheidend, dass die richtigen Personen ihre Energie an der Nahtstelle zum Kunden einsetzen. Eine fliessende wechselseitige Kommunikation primär über diese Nahtstelle hinweg ist der Schlüssel zum Erfolg. Damit das funktioniert, müssen viele mit anpacken: Natürlich Ihre Mitarbeitenden und Kunden. Darüber hinaus ist aber auch das persönliche Umfeld der Beteiligten wichtig:

Welche Menschen stehen hinter den Kunden? Haben sie als Mitarbeitende oder Führungskräfte die Unterstützung, die sie benötigen? Stimmt ihr privates Umfeld? Heute arbeiten sehr unterschiedliche Menschen aus ungleichen Kulturen, Geschlechtern, unterschiedlichen Altersstufen und Gesellschaftsschichten zusammen, um Herausforderungen gemeinsam zu lösen. Viele empfinden diese Vielfalt als Problem, statt sie als grosse Chance zu erkennen.

Die Hebel der Mobilisierung setzen genau da an: Sie bringen verschiedene Menschen an entscheidenden Stellen – vor allem an der Nahtstelle zum Kunden – zusammen, um neue, gemeinsame Wege zu gehen. Dazu ein Beispiel:

Der einsame Verkäufer
Herr Callow sitzt in seinem Büro und denkt angestrengt nach. Seit vier Monaten ist er nun schon Verkäufer in der Firma, aber der Erfolg hat sich bislang nicht sichtbar eingestellt. Dabei hat er doch alles versucht: Er hat die potenziellen Kunden angerufen und Termine zu vereinbaren versucht. Zusätzlich hat er stapelweise Prospekte zusammengestellt und Werbematerial versandt. Darüber hinaus hat er sogar eine Kundendatenbank – modern CRM – aufgebaut und die Daten vollständig erfasst. Er hat auch schon mit seinem alten Freund diskutiert, der in einem Marktforschungsunternehmen arbeitet. Dieser hat ihm ein paar wertvolle Tipps bezüglich statistischer Auswertungen gegeben. Aber: Der Erfolg ist ausgeblieben – die Kunden rufen ihn nicht an! Da kommt sein Chef ins Büro und stellt ihm einen neuen Kollegen vor. Mit Herrn Grey habe die Abteilung einen erfahrenen Verkäufer gewinnen können. Misstrauisch schaut Herr Callow Herrn Grey an: Ist das schon mein Nachfolger? Will er mir meine Kunden wegnehmen?

Nach ein paar Wochen trifft Herr Callow Herrn Grey in der Cafeteria. Herr Callow hat ihn seit der kurzen Vorstellung in seinem Büro nicht mehr gesehen. Er scheint wohl in einer längeren Schulung gewesen zu sein.

Sie kommen ins Gespräch. Herr Grey erzählt, dass er schon sehr viele Kundentermine hatte und deshalb kaum im Büro sein konnte. Herr Callow erkennt in Herrn Grey sehr rasch einen offenen, interessierten und vertrauenswürdigen Menschen. Aus diesem Grunde – eigentlich untypisch für Herrn Callow – beginnt er Herrn Grey seine Probleme zu schildern. Herr Grey hört zu, will seinem Kollegen helfen und beginnt Herrn Callow seine Erfahrungen und seine Philosophie im Umgang mit den Kunden zu erklären.

Bei der Auswahl von Führungskräften ist neben dem fachlichen Können der Sozialkompetenz und der Kommunikationsfähigkeit ein besonderes Augenmerk zu schenken. Wir brauchen Follow-me-Chefs.

Um den Kunden zu mobilisieren, muss jede Minute, die er mit uns gemeinsam verbringt, für ihn einen Mehrwert haben. Dieser Mehrwert kann neben möglichen Lösungen seiner Probleme auch Vertrauen und Freude vermitteln. Vertrauen und Glaubwürdigkeit sind deshalb zentrale Faktoren, quasi das Elixier einer guten Beziehung. Eine solche Partnerschaft kann aber nur in persönlichen Begegnungen aufgebaut werden – nicht am Telefon und durch den Versand von Prospekten. Es geht nicht darum, dem Kunden möglichst viele Informationen über unsere Produkte zu liefern, sondern mit ihm als Partner gemeinsame, massgeschneiderte Lösungen zu entwickeln. Die finden Sie in keinem Prospekt.

Die Hebel der Mobilisierung

> **Gedankenstopp**
>
> - Entwickeln Sie vor Ort mit dem Kunden gemeinsam Lösungen, statt allein im Büro zu sitzen und auf Ideen zu warten.
> - Hören Sie Ihrem Kunden aufmerksam zu, um zielführend zu arbeiten. Das Wort ist einprägsamer als Papier.
> - Ziehen Sie den persönlichen Kontakt mit dem Kunden Datenbanken und Statistiken vor.

Darum müssen sie zusammen im Dialog entwickelt werden. So werden auch das Know-how, die Erfahrungen und die Motive des Kunden berücksichtigt. Ja, so zu arbeiten macht dem Kunden Spass und er freut sich, wenn man zu ihm kommt, denn er ist mobilisiert, bereit für den Schritt nach vorne und bereit, Zeit und Geld zu investieren.

Herr Callow ist nach dem Gespräch sehr motiviert, versteht die Idee vom mobilisierten Kunden und nimmt sich vor, ab sofort die persönliche Beziehung zum Kunden in den Vordergrund zu stellen. Am Abend denkt er noch lange über das Gespräch nach: Wieso hat Herr Gray es geschafft, ihn in wenigen Minuten so zu motivieren? Er fühlt sich wie neu aufgeladen.

Mobilisierte Mitarbeitende tragen das Unternehmen

Neben den Kunden sind motivierte Mitarbeitende ein weiterer Hebel zur Mobilisierung. Um gemeinsam weiterzukommen, muss sich jeder selbst ins Unternehmen einbringen. Der Mitarbeitende muss vor allem Interesse für interessante und herausfordernde Aufgaben zeigen. Solche Herausforderungen ergeben sich aber nicht automatisch, sondern müssen aktiv an der Nahtstelle zum Kunden gesucht werden, d.h. beim Kunden vor Ort oder auf den Kommunikationsplattformen der Märkte, z.B. an Messen, Tagungen usw. Dort informiert sich der Mitarbeitende selber und er erarbeitet gemeinsam mit dem Kunden neue Ideen und Projekte. Der persönliche Kontakt stärkt auch die Bereitschaft, Verantwortung für Kunden und Projekte zu übernehmen und Planungen erfolgreich vorwärts zu treiben. Mobilisierte Mitarbeitende sind in den Märkten und bei den Kunden präsent und suchen den persönlichen Kontakt, um neue Produktideen zu sammeln sowie Kundenprojekte zu generieren oder zu realisieren. Dies setzt voraus, dass konstruktive Kritik z.B. von Kunden oder Kollegen als Chance erkannt und für neue Lösungen positiv genützt wird. Da sich die Kundenanforderungen und die Märkte heute immer schneller verändern, haben Mitarbeitende, die an der Nahtstelle zum Kunden arbeiten, keine Zeit, Pfründen aufzubauen und Besitzstände zu wahren. Der Kunde wird ihnen ständig neue Herausforderungen und Innovationen abverlangen. Dies bedingt die permanente Bereitschaft zur Veränderung. Damit der Mitarbeitende diese Herausforderungen bewältigt, braucht es generell eine positive Grundeinstellung und ein privates Umfeld, das ihn unterstützt. Mobilisierte Mitarbeitende schaffen den Ausgleich zwischen Privat- und Berufsleben und erneuern dadurch die notwendige Energie.

Der begeisterungsfähige Chef und „Anstifter"

Seit gut einem Monat hat Herr Care den Posten eines Abteilungsleiters inne. Während dieser Zeit hat er an der Kundenfront und im Betrieb eine umfangreiche Bestandsaufnahme durchgeführt. Nach deren Analyse kommt er zum Schluss, dass seine Mitarbeitenden wenig motiviert sind und kaum den Kundenkontakt suchen. Auf dem Weg zu einem Kunden überlegt er, was er ändern muss. Im Folgenden hält er seine Gedanken stichwortartig fest:

Die Hebel der Mobilisierung

- Offene Kommunikation fordern und fördern
- Mitarbeiter und Kunden stärker integrieren
- Motivation und Wertschätzung verbessern
- Loyalität vorleben
- Ruhe und Sicherheit ausstrahlen

Herr Care hat eine klare Vorstellung, wie seine Abteilung in Zukunft aussehen soll. Doch dieses Ziel kann er nur erreichen, wenn es ihm gelingt, das Potenzial der Mitarbeiter zu aktivieren. Nach langem Nachdenken kommt er zur wichtigsten Erkenntnis, nämlich, dass ihm das nur gelingt, wenn er bei sich selbst ansetzt. Wenn es darum geht, die Mitarbeitenden zu mobilisieren, steht der Chef im Mittelpunkt. Kunden und Mitarbeitende sind Spiegelbilder des Chefs. Erkennen Sie unzufriedene Kunden und wenig motivierte Mitarbeitende, müssen Sie sich zuerst überlegen, was Sie selbst ändern müssen. Im eigenen Umfeld kann der Vorgesetzte allein kaum etwas bewegen. Er ist auf die Unterstützung durch seine Mitarbeitenden angewiesen. Umgekehrt muss er aber auch für sie günstige Rahmenbedingungen schaffen, die eine erfolgreiche Mobilisierung ermöglichen. Vorbildliche Chefs sind glaubwürdig.

Die richtigen Worte schaffen bei den Kunden und den Mitarbeitenden Vertrauen. Es ist die Aufgabe des Vorgesetzten, die Sprache der Kunden zu verstehen und seiner Stimme im Unternehmen Gehör zu verschaffen. Mobilisierte Vorgesetzte verfügen in hohem Mass über Integrationsfähigkeit: Sie überzeugen Mitarbeitende und Kunden, indem sie die Zusammenarbeit an der Nahtstelle zum Kunden fördern und fordern.

Jens Alder
CEO Swisscom AG

„ *Die Mobilisierung von Menschen im Unternehmen ist ein emotionales Führungsthema:*

Die Menschen müssen
- *ein Ziel sehen*
- *den eigenen, individuellen Beitrag zur Erreichung des Ziels erkennen können*
- *sich begeistern können und eine Befriedigung bei der Erreichung von (Etappen-)Zielen empfinden*

Voraussetzung ist, dass Führungskräfte Ziele formulieren und die individuellen Beitragsmöglichkeiten Mitarbeitern plausibel, glaubwürdig und begeisternd kommunizieren. "

Der Ausspruch: „Der Mensch ist das wertvollste Gut im Unternehmen", darf keine Plattitüde sein. Es ist entscheidend, dass die Mitarbeitenden die Wertschätzung ihrer Vorgesetzten spüren. Loyalität von unten bedingt in einem modernen, fortschrittlichen Unternehmen aber auch Loyalität von oben. Einseitige Loyalität führt nicht zum Erfolg. Der rasche Wandel im Markt und die permanenten Veränderungen im Unternehmen sind heute Realität. Dies verlangt von den Chefs Ausstrahlung. Sie stellen Ruhe und Sicherheit an der Kundenfront und bei den Mitarbeitenden auch in hektischen Zeiten sicher.

Durch den Einbezug des Know-how der Kunden und Mitarbeitenden kann der Vorgesetzte ganz besondere Kräfte zur Lösungsfindung freisetzen. Mit zentralen Darstellungen und attraktiven, aussagekräftigen Zukunftsbildern kann er dann Kunden und Mitarbeitende für erfolgreiche Aktionen motivieren. Begeisterungsfähige, Kräfte übertragende, glaubwürdige und verlässliche Chefs können anschieben, „anstiften" sowie die zentralen Räderwerke eines Unternehmens in Bewegung bringen und in Schwung halten.

Die zentralen Räderwerke

Die Unternehmen setzen heute ihre wichtigen Ressourcen in einer Vielzahl von Projekten ein. Sie reorganisieren, führen neue Systeme ein, reduzieren die Zahl ihrer Lieferanten, lagern Unternehmensteile aus usw. Dadurch gehen häufig wichtige Erfolgsfaktoren wie z.B. die Entwicklung attraktiver Produkte und gute Kundenbeziehungen zu einem erfolgreichen Unternehmen verloren. Statt hinter jedem Managementtrend erfolglos hinterherzulaufen, sollte das Motto lauten: „Reduce to the max", d.h. Fokussierung auf die wichtigen und notwendigen Aufgaben eines Unternehmens.

Es kann nämlich nur erfolgreich sein, wenn die Mitarbeitenden und die Führungskräfte gemeinsam drei zentrale Aufgaben lösen:

- das beste und attraktivste Sortiment erarbeiten und bereitstellen
- attraktive Kunden finden und langfristig binden
- die versprochene Leistung dem Kunden zu dessen voller Zufriedenheit liefern

Diese Aufgaben bedingen die zentralen Räderwerke, die das Unternehmen vorwärts bringen und den Mehrwert für die Kunden sowie für uns schaffen. Was haben diese drei Aufgaben gemein? Sie können nur in Zusammenarbeit mit den Kunden erfolgreich bewältigt werden.

Wie kommt man zu einem attraktiven Sortiment?

Diese Aufgabe verursacht einen Kreislauf, der im Markt beginnt und mit der Einführung attraktiver Leistungen im Markt endet. Dies setzt allerdings voraus, dass neue Marktbedürfnisse, aktuelle Trends, kreative Technologien sowie die Wettbewerber permanent beobachtet und analysiert werden. Ein profundes Verständnis der Märkte und der beteiligten Menschen ist die zentrale Voraussetzung für die Entwicklung erfolgreicher Produkte. Die gesammelten Erkenntnisse müssen anschliessend verdichtet und strukturiert werden. Dadurch können der Nutzen für die

Die Hebel der Mobilisierung

```
Das Sortiment für den     Umsätze          Versprechen einlösen
Erfolg von morgen         Kundenbasis      Gewinne erzielen
```

Markt – Kunden – Absatzmärkte – Beschaffungsmärkte – externe Fähigkeiten

Mobilisieren an der Nahtstelle zu Kunden und Märkten

Attraktives Zukunftsbild

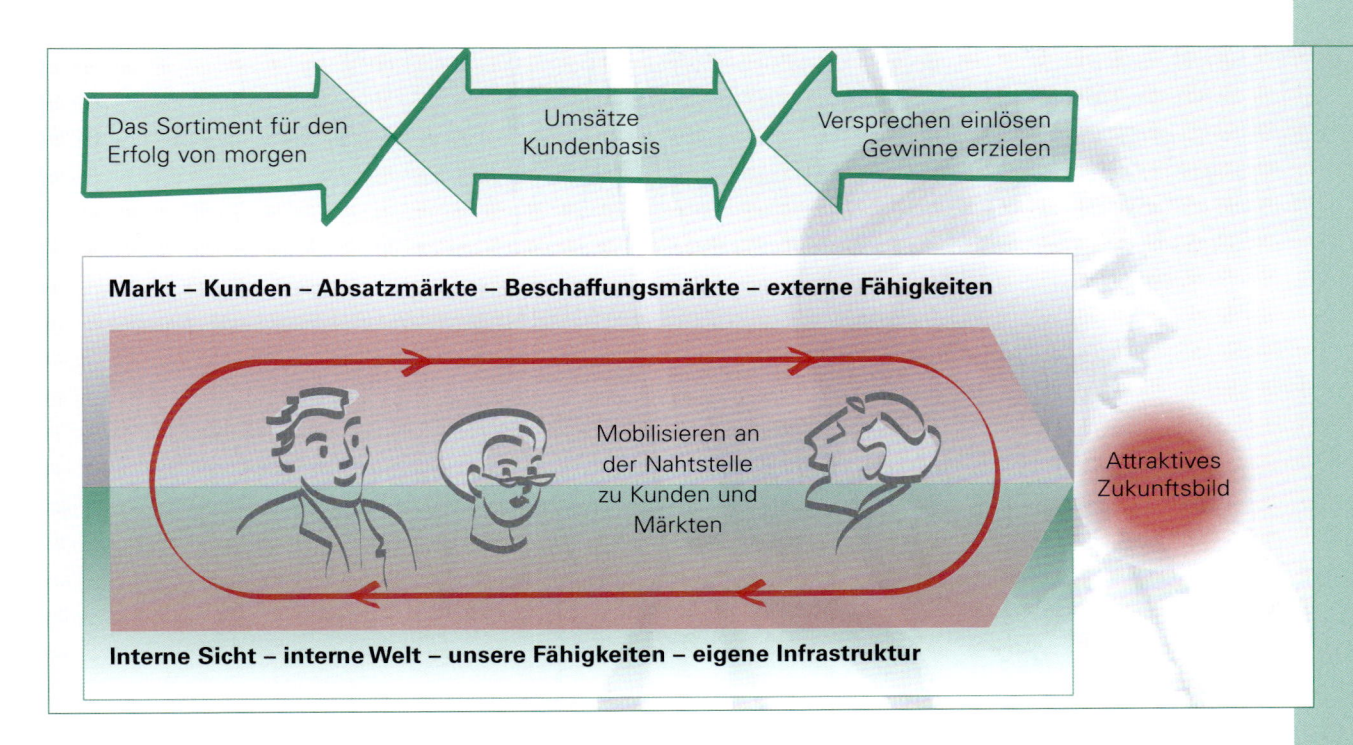

Interne Sicht – interne Welt – unsere Fähigkeiten – eigene Infrastruktur

Kunden und der Mehrwert für alle Beteiligten optimiert werden. Deshalb muss auch schon frühzeitig das interne Netzwerk aktiviert werden. Produktion, Einkauf, Marketing und Verkauf stimmen sich dann schon in einer frühen Phase ab, und dadurch werden unnötige Änderungen im späteren Verlauf der Leistungsentwicklung vermieden. Aufgrund der bewährten Unternehmensstrategie „vom Markt zum Markt" werden marktgerechte Leistungen zu Marktpreisen angeboten und das interne Know-how wird rechtzeitig auf breiter Basis entwickelt.

Leistungen nicht nur entwickeln, sondern auch verkaufen

Das beste Sortiment nützt nichts, wenn man es nicht verkaufen kann. Deshalb ist es entscheidend wichtig, an der Nahtstelle zum Kunden immer wieder mit den richtigen Entscheidungsträgern den persönlichen Kontakt zu suchen und aktiv ihre Bedürfnisse zu erfassen. Dies bedingt auch, dass wir das interne Netzwerk des Kunden kennen und verstehen sowie mit den richtigen Personen sprechen. Um den Entscheidungsträgern beim Kunden zum Erfolg zu verhelfen, müssen wir auch an die Kunden des Kunden denken und ihm helfen, seine Strategie umzusetzen. Im Dialog mit ihm können anschliessend verschiedene Varianten und deren Mehrwert erarbeitet sowie die technische und die kommerzielle Machbarkeit sichergestellt werden. Bei der Variantenreduktion ist dann darauf zu achten, dass wir die Variante favorisieren, die dem Kunden einen optimalen Mehrwert garantiert –

idealerweise eine, die wir schon als fertige Lösung im Sortiment haben. Dadurch entsteht für beide Seiten ein Mehrwert: eine Win-Win-Situation! Durch den aktiven Einbezug des Kunden in die Entwicklung der Lösungen entsteht auch eine partnerschaftliche Beziehung als positive Voraussetzung für die reibungslose Projektierung und die Vertragsverhandlungen. Solche Lösungen unterscheiden sich durch den Mehrwert und nicht durch den billigeren Preis. Konsequente Ausrichtung auf den Mehrwert des Kunden schützt vor Preisdumping! Auch dieser Kreislauf beginnt und endet beim Kunden.

Verkaufte Leistungen müssen auch geliefert werden

Häufig kommt es nach einem erfolgreichen Vertragsabschluss zu einem Bruch der Kundenbeziehung. Die Vorgesetzten freuen sich über den vermeintlichen Erfolg und widmen sich dann den nächsten Kunden. „Der Rest ist jetzt nur noch Routine!"

Das Projekt wird oft nicht komplett an die Projektmitarbeiter übergeben. Insbesondere wenn die zwischenmenschlichen Beziehungen nicht berücksichtigt werden, ist häufig die Folge, dass Vereinbarungen bezüglich Zeit, Qualität und Kosten nicht eingehalten werden. In dieser Phase werden aber viele weitere Personen sowohl beim Kunden als auch im eigenen Unternehmen hinzugezogen. Diese müssen die richtigen Informationen bekommen und ihre Aufgaben genau kennen, um sicherzustellen, dass das Projekt reibungslos abgewickelt werden kann. Erfolgreiche Auftragsabwicklung beginnt auch hierbei wieder im Dialog mit dem Kunden. Die Planung muss gemeinsam – am besten vor Ort, beim Kunden – erarbeitet und verabschiedet werden. Auch dadurch werden Beziehungen geschaffen, weshalb viele Probleme erst gar nicht entstehen. Dies ist die Voraussetzung für den Einsatz der kompetenten Menschen auf beiden Seiten und für den Aufbau eines tragfähigen Netzwerkes für alle Beteiligten. Der Projektleiter muss sich natürlich auch um technische Belange kümmern, wichtiger ist jedoch, dass er während der Projektabwicklung beim Kunden präsent ist. Statt aufwändiger Statistiken ist der persönliche Kontakt mit allen am Projekt Beteiligten entscheidend. Der Projektleiter muss dort vor Ort sein, wo der Nutzen für beide Seiten entsteht! Der Projektleiter, der sich im Büro hinter Zahlenkolonnen versteckt, erkennt nicht die Chancen, die sich beim Kunden bieten. Jeder Kundenkontakt schafft auch wieder eine Chance für neue Produktideen und zusätzliche Kundenprojekte. Dies gelingt aber nur, wenn der Projektleiter beim Kunden präsent ist sowie sein persönliches Beziehungsnetzwerk pflegt und weiter ausbaut. Dadurch kann die Kundenzufriedenheit sichergestellt werden.

Die Hebel der Mobilisierung

Thomas Flum
CEO der digital spirit GmbH und Vorstandsvorsitzender des Institute of Electronic Business eV in Berlin

„ *Führungskräfte müssen Vorbilder sein. Führen heisst aber auch vorleben. Nach meiner Erfahrung haben die Mitarbeiter ein feines Gespür dafür, ob ihre Führungskräfte authentisch sind und handeln. Vertrauen in die Führung ist eine ganz wichtige Voraussetzung für Leistung und Motivation der Mitarbeiter.*

Führung erfordert aber auch die Fähigkeit und die Bereitschaft, Probleme aus einer umfassenden und nicht nur aus einer kurzfristigen Perspektive zu sehen, um nachhaltig erfolgreich zu sein. „

Erfolgreich zusammenspielen

Eine erfolgreiche Sportmannschaft zeichnet sich durch ein perfektes Zusammenspiel und ihren Siegeswillen aus. Jeder Einzelne muss dazu seinen Beitrag leisten. Jeder weiss, wann er allein Verantwortung übernehmen und wann er die anderen ins Spiel bringen muss. Ein Star-Team ist besser als ein Team von Stars!

Es ist die edelste Pflicht des Unternehmens, seine Mitarbeiter weiterzubilden

Erfolgreich zusammenspielen

Weltweit pflegen die Menschen die unterschiedlichsten Rituale, um sich zu begrüssen. Im deutschsprachigen Raum reicht man die Hand, die Franzosen küssen sich auf die Wangen, die Eskimos reiben ihre Nasen, im asiatischen Raum verneigt man sich ehrfurchtsvoll. Was ist das gemeinsame Element all dieser Rituale? Die Menschen bewegen sich aufeinander zu! Auf ein Unternehmen übertragen bedeutet dies, dass die verschiedenen Rollenträger innerhalb einer Firma aufeinander zugehen müssen, um gemeinsam in einem komplexen Umfeld die aktuellen Aufgaben zu bewältigen. Damit es gelingt, attraktive Sortimente zu entwickeln, wichtige Kunden zu gewinnen und anspruchsvolle Projekte erfolgreich abzuwickeln, müssen die richtigen Menschen am richtigen Ort zur richtigen Zeit eingesetzt werden. Das Zusammenspiel des Räderwerks zeichnet erfolgreiche Unternehmen aus. Dies kann aber nur gelingen, wenn die Mitarbeitenden auch über das entsprechende Know-how verfügen: Um Mitarbeitende zur Zusammenarbeit zu bewegen, müssen die Vorgesetzten an zwei zentralen Punkten ansetzen:

- Befähigung
- Kommunikation

Mobilisierte Mitarbeitende sind in der Lage, selbstständig und zielgerichtet zu arbeiten. Sie kennen ihre Verantwortung, ihre Aufgaben und ihre Kompetenzen und wissen, wann sie andere Mitarbeitende und/oder Kunden aktiv mit einbeziehen müssen. Idealerweise werden die Fähigsten an der Nahtstelle zum Kunden eingesetzt.

Peter Spuhler
Inhaber und CEO Stadler Rail AG
Verwaltungsratsmitglied UBS AG

„ *Als ehemaliger Eishockeyspieler und Gebirgsgrenadier steht für mich das Team an erster Stelle. Partikularinteressen müssen zurückgestellt werden. In einer komplexen Welt müssen die Schwächen des einen durch die Stärken des anderen im Team kompensiert werden. Eine Nullfehlerkultur demotiviert die Mitarbeiter und verhindert Innovationen und somit einen nachhaltigen Markterfolg.*
Die Komplexität der Aufgaben ist nicht durch Komplexität zu lösen, sondern der KISS-Ansatz „Keep it simple and stupid" hat nach wie vor seine Berechtigung, setzt aber eine starke Führung voraus. Schnelle Entscheidungen und flache Hierarchien motivieren die Mitarbeiter ebenfalls. "

Gedankenstopp

*Ein altes Sprichwort besagt:
Niemand kann eine Sinfonie flöten. Es braucht ein Orchester, um sie zu spielen. Der Handshake stellt nicht die Einzelleistung in den Vordergrund, sondern das Zusammenwirken verschiedener Menschen.*

**Auf die Übergabe kommt es an:
Ein Vergleich**

Beim Staffellauf gewinnt diejenige Mannschaft, die es zuerst schafft, den Stab über die Ziellinie zu tragen. Es genügt nicht, die schnellsten Läufer einzusetzen. Wer gewinnen will, muss insbesondere den Stabwechsel beherrschen, denn währenddessen darf keine Geschwindigkeit verloren gehen. Fällt gar der Stab zu Boden oder wird die Wechselzone vor der Übergabe des Stabes überschritten, folgt die Disqualifikation. Ob Sie ein attraktives Sortiment entwickeln müssen, attraktive Kunden gewinnen wollen oder Projekte erfolgreich abzuwickeln haben, immer sind verschiedene Personen beteiligt, die einander den Stab übergeben müssen, ohne ihn fallen zu lassen. Wer Produkte zu langsam entwickelt oder Kundenprojekte nicht rechtzeitig fertig stellt, hat heute im Wettbewerb keine Chance mehr.

Was muss trainiert werden, damit die Übergabe erfolgreich geschieht? Jeder Läufer muss wissen, wann er starten muss, damit in der Stabübergabezone kein Geschwindigkeitsverlust entsteht. Wichtig ist die Erkenntnis, dass die Stabübergabe innerhalb einer Zone erfolgt und nicht an einem fixen Punkt. Je nach den Umständen kann die Übergabe früher oder später, sie muss aber immer innerhalb der Zone erfolgen! Diese fliessende Zusammenarbeit braucht es auch im Unternehmen. Wenn ein Mitarbeitender über die notwendigen Fähigkeiten und Erfahrungen verfügt, kann er den Stab unter Umständen etwas weiter tragen als ein junger Kollege, der vielleicht erst noch Wissen erwerben muss. *Dieses Prinzip der Stabübergabe nennen wir den Handshake.*

**Produktmarketing:
Handshake an der Nahtstelle zum Markt**

**Produktmarketing:
Handshake an der Nahtstelle zum Markt**

Wer ist für die Entwicklung eines attraktiven Sortiments verantwortlich, das Marketing oder das Produktmanagement, die Forschungs- und Entwicklungsabteilung oder doch der Bereich Unternehmensentwicklung? Die Antwort wird in jedem Unternehmen anders ausfallen. Hightech-Unternehmen werden andere Schwerpunkte setzen als Konsumgüterhersteller. Die Mitarbeitenden, die für uns im Markt und bei den Kunden vor Ort sind, spielen immer eine wichtige Rolle. Auch Verkäufer, die bei Kunden, bei der Konkurrenz oder an Tagungen neue Ideen aufspüren oder sie sogar selbst entwickeln, stellen eine Quelle dar, die noch viel zu wenig genützt wird. Ein guter Produktmanager wird dieses Potenzial erkennen und das im Vertrieb vorhandene Wissen konstruktiv zu nutzen versuchen. Der dafür notwendige Dialog, die Kommunikation zwischen Vertrieb und Produktmanagement, muss wechselseitig erfolgen. Vergleichbar mit der Wechselzone beim Staffellauf, muss man ein gewisses Stück weit gemeinsam laufen, um das Wissen beider Seiten wahrzunehmen und eine erfolgreiche Leistungsentwicklung sicherzustellen. Sind die Potenziale im Markt erkannt und passende Leistungen entwickelt, müssen sie wieder in den Markt zurückgebracht werden. Auch hier kommt es darauf an, dass die Produkte nicht „einfach" dem Verkauf zur Verfügung gestellt werden, quasi nach dem Motto: Jetzt müsst ihr sie nur noch verkaufen…

Stattdessen müssen während der Markteinführungsphase die Schlüsselpersonen in den Märkten und bei den Kunden aktiv mitwirken: Diskussion statt Präsentation! Dabei geht es nicht darum, auf den letzten Metern noch unnötige Änderungen ins Leistungskonzept einzubringen. Das wäre fatal! Um die Botschaft der neuen Leistungen in die Märkte und zu den Kunden zu tragen, müssen aber die vorhandenen Energiereserven mobilisiert und fokussiert werden. Die Mitarbeitenden an der Nahtstelle zum Kunden müssen in die Markteinführungsphase aktiv mit einbezogen werden, sodass sie rasch das notwendige Know-how entwickeln sowie die neuen Leistungen aktiv und überzeugend im Markt bekannt machen können.

**Verkauf:
Handshake an der Nahtstelle zum Kunden**

Die komplexer werdenden Produkte und Leistungen führen heute immer mehr dazu, dass Kundenaufträge kaum mehr allein durch Verkäufer generiert werden können. Die Komplexität der Aufgaben bedingt das Zusammenspiel zwischen Vertrieb bzw. Accountmanagement und den Spezialisten für die Lösungsentwicklung respektive Offerterstellung. Um zielgerichtet und erfolgreich zusammenzuarbeiten, gilt auch hier der flexible Handshake. Ein Beispiel: Der erfahrene Verkäufer wird noch oft in der Lage sein, die Offertgrundlagen vor Ort, beim Kunden, zu erstellen, während ein junger Mitarbeitender vielleicht schon bald auf die Unterstützung durch die Spezialisten der Offertgruppe angewiesen ist. Ebenso können Vertriebsniederlassungen im Ausland je nach Know-how mehr oder weniger autonom Kunden-

Erfolgreich zusammenspielen

projekte akquirieren. Oft sind sie aber auf die Unterstützung aus dem Stammhaus angewiesen. Erfolgreiche Accountmanager involvieren frühzeitig alle betroffenen Bereiche, auch beim Kunden, um sicherzustellen, dass die Lösung für alle Beteiligten einen Mehrwert schafft sowie technisch und kommerziell machbar ist. Der einsame Verkäufer ist meist erfolglos. Gelingt dieser Handshake aber, ist der Vertrieb in der Lage, dem Kunden eine massgeschneiderte Lösung mit maximalem Mehrwert zu bieten. Dadurch unterscheidet sich diese Lösung von denen der Wettbewerber und Preisdumping kann vermieden werden. Von der beginnenden Wahrnehmung eines Kundenbedürfnisses bis hin zur abschliessenden Vertragsverhandlung ist mit diesem Vorgehen, dem Handshake, ein durchgängiges Verfahren gewährleistet! Wenn wir bei den Kunden auf diese Art und Weise arbeiten, erleben sie uns als positive und kompetente Ansprechpartner.

Bei all unserem Tun steht der Mensch und dessen Mobilisierung im Mittelpunkt der Betrachtungen mit dem Ziel: Gemeinsam zum Erfolg.

Leistungserfüllung: Handshake in der Auftragsabwicklung

Nachdem eine Lösung verkauft worden ist, muss sie auch im vereinbarten Leistungsumfang geliefert werden. Viele Projektleiter glauben, dass dies unabhängig vom Kunden geschehen könne, weil das Projekt ja bereits verkauft worden sei. Das ist ein Trugschluss, der dramatische Folgen haben kann. Der Projektleiter muss insbesondere in der Startphase des Projekts vor Ort, beim Kunden, sein, um sicher zu sein, dass alle Beteiligten die gleichen Informationen und Vorstellungen haben. Es liegt in seiner Kompetenz, die Beteiligten zu orchestrieren, um sicher zu gehen, dass die Verantwortlichen auf beiden Seiten, im eigenen Unternehmen und beim Kunden, über den Stand der Dinge orientiert sind, sich laufend abstimmen können und bei auftauchenden Schwierigkeiten gemeinsam eine Lösung finden. Dadurch werden Missverständnisse und Beziehungskonflikte vermieden sowie optimale Bedingungen für eine reibungslose Projektdurchführung erzielt. Der erfolgreiche Projektleiter ist in der Lage, rechtzeitig zu erkennen, wann wer mit wem kommunizieren muss und wo Abstimmungsbedarf besteht. Statt alle Details selbst zu erledigen, ist es seine Aufgabe, den Handshake zwischen allen Beteiligten, z.B. Produktion, IT, Einkauf usw., zu sichern, insbesondere beim Auftreten von Unregelmässigkeiten und in der Schlussphase, wenn das Projektresultat an den Kunden übergeben wird. Der gute Projektleiter setzt Prioritäten, weist den Teilprojektleitern klare Aufgaben zu und erkennt mögliche Schwierigkeiten frühzeitig. Um die Kundenzufriedenheit am Projektende zu gewährleisten, ist es notwendig, dass der Projektleiter das Projekt bis zum Schluss aktiv führt, statt sich schon auf das nächste Projekt, das terminlich drängt, zu konzentrieren! Denn es besteht die Gefahr, den Sieg auf den letzten Metern zu verschenken. Erfolgreiche Unternehmen bringen nach Projektende alle Beteiligten und die Kunden nochmals an einen Tisch, um die Stärken und die Schwächen des Projekts zu diskutieren. Anhand dieser realen Fälle werden die Beteiligten zu grösserer Selbstständigkeit befähigt.

Erfolgreich zusammenspielen

Roman Aepli
Inhaber und CEO Aepli Metallbau AG

> *In einem KMU-Betrieb der Baubranche geht es in erster Linie um die Mobilisierung und die Verfügbarkeit von Mitarbeitenden in den Projekten. Wir setzen auf eine gesunde Streitkultur und ehrliches, aber aufbauendes Feedback. Die Mischung von erfahrenen Profis und ehrgeizigen jungen Berufsleuten macht den Erfolg aus. Dazu ist eine mittel- bis langfristige Personalstrategie wichtigstes Kriterium. Hauptproblem des Projektleiters ist das Ausbalancieren von Projektkosten/Rentabilität mit den dauernd steigenden Kundenanforderungen/ administrativen Aufwendungen. Am Ende zählt jedoch die Genugtuung über positiv abgeschlossene Projekte. Das motiviert uns alle am meisten.*

Zusammenspiel der Räder

Der Handshake ist nicht nur innerhalb der einzelnen Räder wichtig. Gerade im Zusammenwirken bei den verschiedenen Kernaufgaben schlummern noch viele Potenziale. So können aus aktuellen Verkaufsprojekten neue Produktideen für einen ganzen Markt entstehen oder während der Projektabwicklung neue Aufträge generiert werden. Jeder Kundenkontakt ist eine Verkaufssituation, in der sich unsere Mitarbeitenden dem Kunden gut darstellen müssen. Gefragt sind deshalb die besten kommunikativen Fähigkeiten sowie ein glaubhaftes und vertrauenswürdiges Auftreten! Die Informationen vom Markt, von den Kunden und den Projekten müssen pulsieren.

Die Verantwortung der Führung

Zur Mobilisierung unserer Kunden, unserer Mitarbeitenden und der Führungskräfte ist es zwingend notwendig, dass die Entscheidungsträger an der Nahtstelle zum Kunden über ein gemeinsames Verständnis bezüglich ihrer Rollen, Aufgaben und Kompetenzen verfügen und zudem deren Zusammenspiel sowie die Zusammenhänge verstehen. Guten Führungskräften gelingt es, alle auf gemeinsame attraktive Zukunftsbilder einzuschwören und die drei Antriebsräder harmonisch zu synchronisieren. Die Führungsprozesse, welche die drei Räder wie ein Band zusammenhalten, sind (P)review-Plan-Do-Feedback. Wer die Talente erkennt und sie am richtigen Ort zur Entfaltung bringt, schafft die Voraussetzungen für erfreuliche Zahlen und ein motiviert arbeitendes Erfolgsteam. Das Management, die Kunden und die Mitarbeitenden trainieren das Zusammenspiel wie ein erfolgreiches Sportteam.

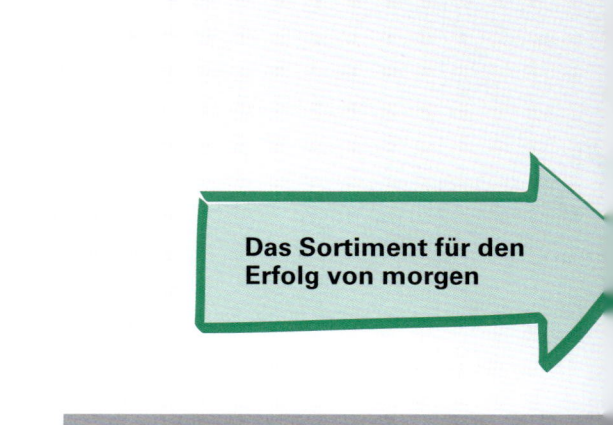

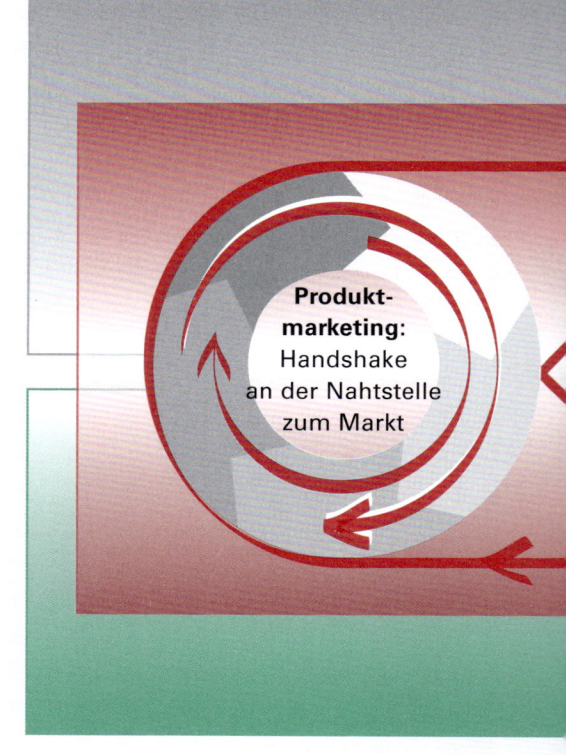

Das Sortiment für den Erfolg von morgen

Produktmarketing: Handshake an der Nahtstelle zum Markt

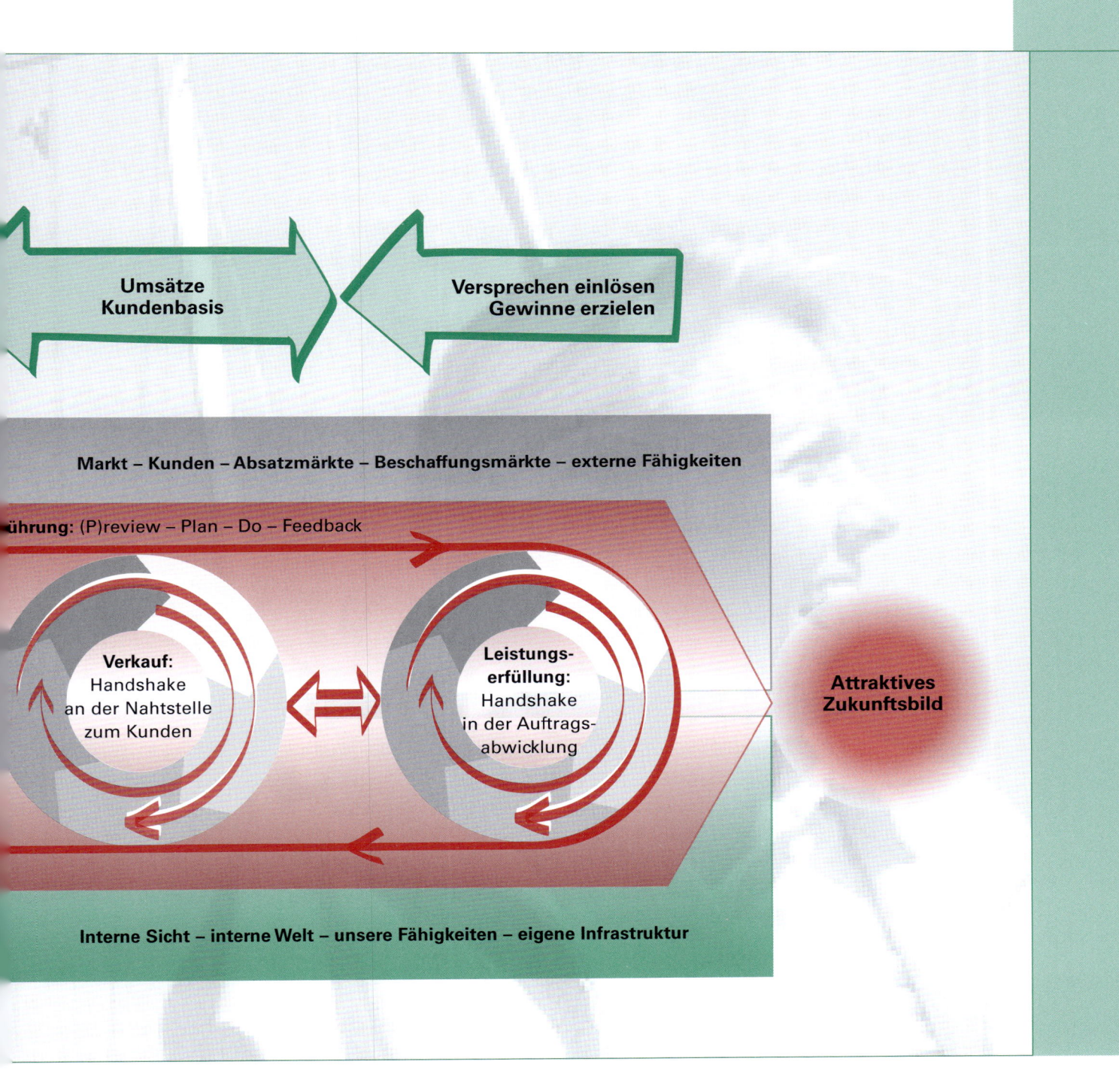

Erfolgreich zusammenspielen

Umsätze
Kundenbasis

Versprechen einlösen
Gewinne erzielen

Markt – Kunden – Absatzmärkte – Beschaffungsmärkte – externe Fähigkeiten

ührung: (P)review – Plan – Do – Feedback

Verkauf:
Handshake
an der Nahtstelle
zum Kunden

Leistungs-
erfüllung:
Handshake
in der Auftrags-
abwicklung

Attraktives
Zukunftsbild

Interne Sicht – interne Welt – unsere Fähigkeiten – eigene Infrastruktur

Ist das alles? Braucht es nicht noch mehr?

Viele Management-Konzepte sind insgesamt sehr sinnvoll und richtig.
Es besteht aber die Gefahr, alles gleichzeitig einführen und umsetzen zu wollen,
mit der Folge, dass man sich hauptsächlich mit sich selbst beschäftigt.
Der Einzige, der dann noch stört, ist – der Kunde!

Sich nach aussen oder nach innen orientieren? Das eine tun und das andere nicht lassen!

Die Mobilisierung eines Unternehmens und seiner Kunden ist sicherlich eine der anspruchsvollsten Führungsaufgaben. Da die Zeit und die Ressourcen aber häufig knapp sind, neigt man dazu, nur einige der vorhandenen Mobilisierungshebel einzusetzen. Um erfolgreich zu sein, muss das ganzheitliche Denken im Vordergrund stehen. Dazu einige fragwürdige Aussagen:

Erfolgreiche Unternehmen profitieren sehr vom Know-how mobilisierter Mitarbeitender. Dieses kann durch Investitionen in die Weiterbildung noch wesentlich gefördert und vermehrt werden.

„Markt ist gut, Kunden sind besser!"
Gerade kleine Unternehmen konzentrieren sich häufig nicht auf Märkte, sondern auf Kunden. Marketing ist, wenn überhaupt, nur der Werbeabteilung vorbehalten, die Prospekte verschickt sowie bestenfalls noch Messeauftritte und Events organisiert. Was ist die Folge? Produkte werden eher zufällig und vereinzelt entwickelt. Marktpotenziale werden nicht erkannt und Ideen nicht verwirklicht. Die Kommunikation vom und zum Markt findet meist nur einseitig statt. Kurzfristig kann diese Strategie erfolgreich sein. Aber kurzfristiges Denken verhindert eine erfolgreiche Mobilisierung. Spätestens dann, wenn die Leistungen im Verhältnis zu denen der Konkurrenz veraltet und weniger attraktiv sein werden, werden auch die guten Kundenbeziehungen langsam, aber sicher schwinden und dadurch wird eine künftige Kundenbindung sehr erschwert. Der Handshake vom Markt zum Markt ist Voraussetzung für den langfristigen Erfolg des Unternehmens.

„Wir haben die besten Produkte, der Kunde muss kaufen!"
Andere Firmen dagegen legen ihr Schwergewicht auf die Entwicklung einmaliger Produkte. Der Vertrieb und die Projektleiter müssen sie deshalb lediglich verkaufen und liefern! Kundenbeziehungen zu pflegen, scheint in solchen Unternehmen nicht notwendig zu sein, da die Kunden ja sowieso Schlange stehen! In solchen Unternehmen entstehen kaum langfristige und tragfähige Kundenbeziehungen respektive Kundenbindungen. Sobald vergleichbare Produkte auf den Markt kommen, wandern die Kunden, teilweise aber auch die Mitarbeitenden in der Regel zur Konkurrenz ab.

Persönliche Beziehungen braucht das Unternehmen wie der Mensch die Luft zum Atmen; fehlen sie, wird dem Unternehmen die Existenzgrundlage schnell entzogen.

Ist das alles? Braucht es nicht noch mehr?

„Ausbildung ist bei uns nicht nötig!"
Sobald Unternehmen unter Druck geraten, werden häufig zuerst die Mittel für die Ausbildung der Mitarbeitenden gekürzt. Die Führungskräfte nehmen sich kaum noch Zeit zur Qualifikation ihrer Untergebenen, sondern sind stattdessen damit beschäftigt, intern ihre Positionen zu sichern, und richten ihre Blicke wie versteinert immer häufiger auf Zahlenkolonnen und -auswertungen. Genau hier passiert das Fatale: Statt nämlich die Mitarbeitenden zu mobilisieren, wird ihnen überdeutlich vorgeführt, dass sie nicht wichtig sind! Es entsteht eine Negativspirale, die kaum beeinflusst werden kann. Stetige Qualifikation und überzeugende Motivation der Mitarbeitenden durch die Führungskräfte sind zentrale Aufgaben, die nur allzu oft „verloren gehen".

> *Unser Tipp für Sie...*
>
> *Um ein Unternehmen nach vorne zu bringen, sei es gross oder klein, gerade gegründet oder bereits seit Jahrzehnten im Markt etabliert, gleich welcher Branche, sind die folgenden Hebel der Mobilisierung anzuwenden:*
>
> - *die Menschen, d.h. die Kunden, die Mitarbeitenden und die Führungskräfte*
> - *die entscheidenden Nahtstellen zum Markt, zu Kunden und in der Auftragsabwicklung*
> - *die Handshakes innerhalb der und zwischen den Nahtstellen*

Diese Beispiele liessen sich noch beliebig vermehren. Als Konsequenz daraus ergeben sich aber immer wieder die gleichen Schlussfolgerungen: Erfolgreiche Unternehmen wenden alle Hebel zur Mobilisierung an. Erkennen sie ein Defizit, fördern und fordern sie gezielt die Mobilisierung, d.h.

- die Mobilisierung der Kunden, Mitarbeitenden und der Führungskräfte
- das Zusammenspiel der Beteiligten an den Nahtstellen zum Markt, zu den Kunden und zur Abwicklung von Aufträgen und Projekten

Braucht es nicht noch mehr?
Viele Führungskräfte glauben, das allein genüge nicht. Insbesondere IT-Tools und Controlling sollen zusätzlich helfen, das Unternehmen nach vorne zu bringen. Statt sich den Kunden zu widmen, werden Prozesse monatelang analysiert und immer detailliertere Vorgaben gemacht. Dann werden IT-Systeme eingeführt, die Prozesse optimiert, Checklisten und Tools zur Verfügung gestellt; zudem wird die Organisation ständig angepasst. All diese Massnahmen haben sicher ihre Berechtigung.

Sie sind aber leider häufig nach innen orientiert und behindern dadurch eine erfolgreiche Mobilisierung. Gelingt es Ihnen dagegen, Kunden, Mitarbeitende und Führungskräfte zu mobilisieren, können viele Reorganisationsmassnahmen unterbleiben. Wichtige Projekte nach aussen, die das Unternehmen weiterbringen, kommen leichter voran.

Mit Mobilisierungs-
prinzipien zum Erfolg

Mit Mobilisierungsprinzipien zum Erfolg

„Prinzipien kann man leichter bekämpfen als nach ihnen zu leben"

Alfred Adler (1879 – 1937), Arzt und Psychologe

Kennen Sie die kommunizierenden Röhren? Sie sind unten miteinander verbunden und jeweils nach oben hin offen. Werden sie mit Flüssigkeit gefüllt, so ist an jedem Ende ihr Flüssigkeitsspiegel gleich hoch.

Dieses physikalische Phänomen entspricht einem Prinzip. Prinzipien beinhalten komprimiertes Wissen über komplexe Sachverhalte. Prinzipienvermittlung ist nicht nur in der Physik oder in anderen Naturwissenschaften wichtig, sondern auch in Unternehmen. Prinzipien sind in der Aussage einfach. Einfach ist etwas, was über Jahre durch Wissen, Können und Erfahrung gereift ist – wie ein guter alter Wein.

Werden Prinzipien angewendet, ist deren Wirkung gross. Ihre Vermittlung und ihre Anwendung erhöhen die Aufmerksamkeit und die Wahrnehmung der Menschen. Prinzipien verschaffen Orientierung im Geschäft und im Privaten. Gemeinsame Bilder werden mittels Prinzipien transportiert, stiften dadurch Sinn und mobilisieren Menschen.

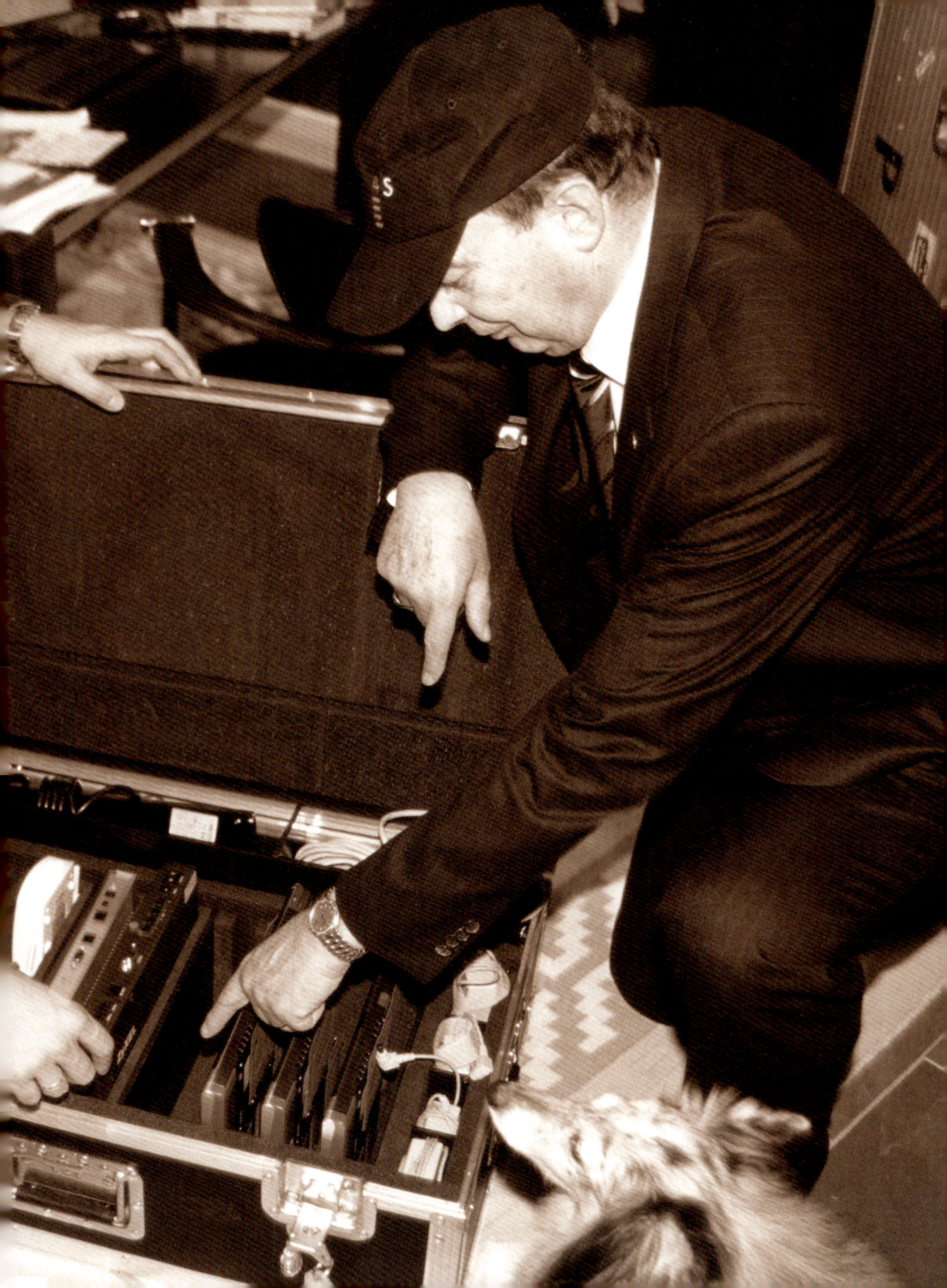

Was Sie mit Mobilisierungsprinzipien erreichen

Sie wenden Mobilisierungsprinzipien an, wenn Sie Erfolge im Markt und bei den Kunden, bei den Mitarbeitenden, bei den Führungskräften und bei sich selbst erzielen wollen; konsequent angewendet bewirken die Mobilisierungsprinzipien

...im Markt und bei den Kunden:
- erhöhte positive Wirkung im Markt und bei den Kunden
- attraktive Kunden mit Budgets werden gefunden und langfristig gebunden
- marktgerichtete und marktgerechte Sortimente
- das beste, attraktivste Sortiment für morgen
- begeisterte Kunden: die Erwartungen der Kunden und des Unternehmens werden übertroffen, versprochene Lösungen eingehalten
- wirkungsvolle, positive Teams an den Nahtstellen zwischen Markt und Unternehmen

...bei den Mitarbeitenden:
- stärkere Eigenmotivation, entschlosseneren Willen und grösseren Antrieb bei den Mitarbeitenden
- kunden- und marktorientiertes Denken und Handeln bei den Mitarbeitenden
- verbesserte Kommunikationsfähigkeiten bei den Mitarbeitenden auf allen Stufen
- Mitarbeitende meistern Veränderungen aus eigener Kraft

Auf einen Blick

- Kultur des Vertrauens bei den Mitarbeitenden
- permanenten Wissens- und Erfahrungsaustausch vom Junior zum Senior, zwischen Mann und Frau, auf allen Stufen sowie über alle Sprachen und Kulturen hinweg

...bei den Führungskräften:
- motivierende positive Zukunftsbilder als Ansporn für Kunden und Mitarbeitende
- die richtigen Menschen sind mit den wichtigen Themen auf den wirkungsvollsten Mobilisierungsplattformen vernetzt
- Schaffung eines angstfreien positiven Lernklimas
- ausgezeichnete Führungs- und Moderationskompetenz

...bei Ihnen persönlich:
- positives Denken und Handeln
- Vertrauen in die persönlichen Stärken
- positive Gefühle und Energien werden mit denen Gleichgesinnter zusammengebracht
- verbesserte Kommunikations- und Visualisierungsfähigkeiten

Seite 64 — **Wer vor Was vor Wie**
Kümmern Sie sich zuerst um die Menschen – das Was und das Wie ergeben sich.

Seite 72 — **Vernetzen**
Mobilisieren Sie die richtigen Menschen, indem Sie diese miteinander vernetzen.

Seite 80 — **Mobilisierungsplattformen**
Will man Menschen mobilisieren, braucht es dafür den richtigen Ort und das richtige Kontaktsetting.

Seite 90 — **Kommunizieren – Visualisieren**
Menschen mobilisieren heisst mit Bildern kommunizieren.

Seite 102 — **Macher vor Ort**
Anpackende Kulturentwicklung vor Ort

Seite 108 — **Befähigung zur Selbstbefähigung**
Verbreiten Sie Mobilisierungsenergien – aus eigener Kraft.

Seite 114 — **Die PRO4S Mobilisierungshebel und -prinzipien**

Wer vor Was vor Wie

Wer erkannt hat, dass Energien durch die Konzentration auf das *Wer* mobilisiert werden, braucht weniger Kraft zur Definition des *Was*. Wer dann das *Was*, die Erwartungen und Ziele der Menschen, abholt, vermeidet grosse Aufwände und Umwege im *Wie*.

„Letzten Endes kann man alle wirtschaftlichen Vorgänge auf drei Worte reduzieren: Menschen, Produkte und Profite. Die Menschen stehen an erster Stelle. Wenn man kein gutes Team hat, kann man mit den beiden anderen nicht viel anfangen"

Lee Iacocca,
amerikanischer
Industriemanager,
geb. 1924

Eines Morgens ruft ein Journalist der Monatszeitschrift „Exzellent führen" bei Herrn Winner an und ersucht um ein Interview. Der Journalist hat gute Gründe, Herrn Winner für ein Interview der übernächsten Ausgabe von „Exzellent führen" anzufragen. Herr Winner hat als CEO die Firma Mobil AG aus tiefroten Zahlen wieder in die Gewinnzone geführt – und das innerhalb zweier Jahre. Der CEO hat schwierige Reorganisationsprojekte in der Mobil AG erfolgreich gemeistert und deshalb die ehrgeizigen Kosten- und Zeitziele in den Abwicklungsprozessen erreicht. Er hat zwei neue, innovative Produkte erfolgreich in verschiedene ausländische Märkte eingeführt und zahlreiche lukrative Grossaufträge an Land gezogen.

Herr Winner sagt dem Journalisten zu und gibt ihm einen Termin für das Interview.

Journalist: Herr Winner, welche Methoden und Instrumente hatten Sie angewandt, damit Sie die Mobil AG so rasch wieder auf Erfolgskurs bringen konnten?

Herr Winner: Sie fragen bereits nach dem *Wie* – ich verstehe das; die meisten Menschen wollen eine „Erfolgsformel", daher gibt es ja auch so viele Management-Bücher mit „Erfolgsrezepten". Die Menschen lechzen förmlich nach Kochbüchern für den Erfolg. Daran verdienen auch die Berater. Von den Millionen Beratern auf dieser Welt hat jeder wieder seine eigene Heil bringende Methode und seine Instrumente, die – diesmal aber ganz sicher – den erwünschten Erfolg herbeiführen. Waren wir beim Kunden erfolgreich, konnten wir ein neues Produkt effektvoll im Markt lancieren oder unsere internen Prozesse effizienter und stressfrei reorganisieren, sprechen wir im Nachhinein meistens nicht mehr gross von den angewandten Methoden und Instrumenten. Wenn wir dann aber die Menschen fragen, was die ausschlaggebenden Gründe für den Erfolg waren, bekommen wir Antworten wie: „Mit unseren Kunden konnten wir echte Partnerschaften aufbauen", „Wir konnten super zusammenarbeiten", „Die Chemie im Team hat gestimmt", „Man konnte sich aufeinander verlassen", „Wir haben viel voneinander gelernt".

Journalist: Verstanden. Aber irgendein Erfolgsrezept müssen Sie doch haben?

Herr Winner: Wenn Sie mich so direkt fragen: Kümmern Sie sich zuerst um die Menschen – das Was und das Wie ergeben sich. Wenn amerikanische TV-Stationen neue Show-Formate produzieren, dann agieren sie nach dem Prinzip: „First the man – then the show." Ich habe den Hebel immer bei den Menschen angesetzt und bei den wichtigsten Menschen eines Unternehmens begonnen – bei den Kunden. Bis vor zwanzig oder dreissig Jahren liess sich ein Verkauf relativ entspannt abschliessen, indem man mit dem entsprechenden Entscheidungsträger Kontakt aufnahm und ihn überzeugte. Heute aber laufen alle grösseren Deals in Form so genannter komplexer Verkäufe ab, die mehrere, fast nie nur von einer Person getroffene Entscheidungen erfordern. Sie müssen entweder selbst mit mehreren Personen Kontakt aufnehmen oder Ihr Ansprechpartner muss mehrere interne Statements einholen. Wenn ich verstehe und ein Bild davon bekomme, was draussen auf dem Markt, beim Kunden, abgeht, kann ich mich um die Menschen mit dem richtigen Wissen, den richtigen Fähigkeiten und den richtigen Erfahrungen zur Entwicklung von Kundenlösungen im Unternehmen selber kümmern. Wer sind denn überhaupt die richtigen Führungskräfte und Mitarbeitenden für eine positive Unternehmenszukunft? Trennen Sie sich gezielt von den falschen, bevor Sie Strategien für die Zukunft entwickeln! Die richtigen Menschen in der richtigen Rolle zu finden, ist der erste Schritt.

Journalist: Aha, „sich zuerst um Menschen kümmern" heisst also vor allem auch zuerst die richtigen Kunden und Märkte und dann die richtigen Mitarbeitenden und Führungskräfte finden.

Herr Winner: Genau. Identifizieren Sie die Entscheidungsträger, Schlüsselpersönlichkeiten, Rädelsführer, Meinungsmacher und Türöffner bei

Wer vor Was vor Wie

Das Wer-vor-Was-vor-Wie-Prinzip

Wer → Was → Wie

Mit diesem Prinzip erreichen Sie...

- den direkten Weg zur Erreichung Ihrer Ziele: Sie vermeiden Umwege, Staus, Sackgassen, Einbahnstrassen

- den optimalen Einsatz der Fähigkeiten der richtigen Menschen: Sie vermeiden ihre Über- und Unterforderung, setzen Energien frei und motivieren

- Win-Win-Situationen: Sie erzielen Mehrwert für ALLE Beteiligten: Die Leistungen decken sich mit den Erwartungen oder übertreffen sie – Kunden und Mitarbeitende sind begeistert

Energien mobilisieren heisst bei den Menschen beginnen

Ihren Kunden. Die Amerikaner sagen: „Finde den MAN – M für Money, A für Authority, N für Needs." Wer ist für die Budgets verantwortlich und wer kann darüber entscheiden? Aber auch in Ihrem Unternehmen müssen Sie Entscheidungsträger, Schlüsselpersönlichkeiten, Rädelsführer, Meinungsmacher und Türöffner identifizieren sowie die Rollen und Positionen je nach den Fähigkeiten Ihrer Mitarbeitenden besetzen.

Journalist: Ich sehe, für Sie sind die Menschen im Markt, beim Kunden genauso wichtig wie die Menschen in Ihrem Unternehmen. Sie machen da vom Prinzip her keine grossen Unterschiede. Wenn Sie die richtigen Menschen mit den richtigen Beziehungen am richtigen Ort entdeckt haben – wie geht es dann weiter?

Herr Winner: Viele Menschen steigen zu schnell ins *Wie* ein. Erinnern Sie sich an Ihr letztes Mitarbeiter-Meeting! Wurden nicht intensiv Lösungen, Rezepte und Varianten diskutiert? Hat jemand das Was, das Ziel, die Erwartungen der Sitzungsteilnehmer, abgeholt und kommuniziert? Wie lange wurde über das *Was* diskutiert? Wie lange über das *Wie*? Ich sage Ihnen: Wenn man nicht weiss, wohin man reiten soll, nützt auch galoppieren nichts. Und dann erlebt man in Unternehmen immer wieder den Effekt, den schon vor Jahren Mark Twain eindrücklich in Worte gefasst hat: „Als sie das Ziel aus den Augen verloren, verdoppelten sie ihre Anstrengungen." Eine wichtige Rolle spielt dabei die Führungskraft. Sie muss das Denken und das Handeln nach dem *Was vor Wie* auf allen Stufen vorleben: Fragen Sie nach den Erwartungen, Bedürfnissen, Motiven, Werten, Wünschen und Zielen Ihrer Kunden, Ihrer Märkte, Ihrer Mitarbeitenden. Versetzen Sie sich in die Situation der Kunden und der Mitarbeitenden. Hören und schauen Sie genau hin. Verstehen Sie den Standpunkt und die Situation der Kunden und der Mitarbeitenden.

Journalist: Das scheint mir nun aber etwas sehr idealistisch zu sein. Den Kunden und den Mitarbeitenden alle Wünsche von den Lippen ablesen: Das muss ja unweigerlich zum Konkurs führen. Sie führen aber ein Gewinn bringendes Unternehmen!

Herr Winner: Meinen Mitarbeitenden erkläre ich jeweils die erweiterte Form des *Was-vor-Wie*-Denkens: das *Was-$-Wie*-Prinzip. Beispielsweise am Umgang mit einem unserer Kunden erläutert heisst das: Zuerst müssen wir das *Was* beim Kunden „abklopfen": Welche Potenziale schlummern in ihm? Welche Bedürfnisse, Erwartungen, Interessen und Ziele hat er? Nun können wir natürlich nur Kundenerwartungen erfüllen, die auch für unser Unternehmen einen Mehrwert, einen Gewinn, eine Rendite erbringen. Sonst fahren wir die Strategie „Kundenorientierung bis zum Konkurs". Das wird durch das *$-Zeichen* zwischen dem *Was* und dem *Wie* symbolisiert. Das heisst für das *Wie:* die Kundenerwartungen mit unseren Leistungen möglichst übertreffen und dadurch den Kunden begeistern, jedoch zu Preisen und Kosten, die auch für uns rentabel sind. Der Kunde hat Interesse daran, dass es uns auch noch morgen und übermorgen gibt. Er sucht starke Partnerschaften. Aus der Abwicklung der Kundenaufträge und aus dem

Management der Kundenprojekte lernen wir permanent unsere Lösungen für den Kunden zu optimieren und gleichzeitig unsere Kosten tief zu halten.

Journalist: Herzlichen Dank, Herr Winner, für Ihre spannenden und motivierenden Ausführungen.

Katrin Lehmann
Inhaberin und Geschäftsführerin
Holzwerk Lehmann AG

„ *Menschen im Führungsalltag zu mobilisieren, fängt bei uns selbst an. Unsere Überzeugungen, Beweglichkeiten, Geschwindigkeiten, Reaktionen, Aktionen, Entscheidungen, unsere eigenen Emotionen, Motive sowie unsere Glaubwürdigkeit haben entsprechende Wirkungen und Auswirkungen. Die Herausforderung als Führungskraft ist dann wahrscheinlich, die Kräfte im Unternehmen richtig zu lenken, den Takt vorzugeben und auch die Bedürfnisse der Mitarbeiter – und der Kunden! – in den gemeinsamen Weg zu integrieren.* "

Wer vor Was vor Wie

Kümmern Sie sich zuerst um die Menschen – das Was und das Wie ergeben sich

Was dieses Prinzip für Sie bedeutet

1. Beginnen Sie mit dem *Wer*

Prüfen Sie beim *Wer* die Einflüsse auf die Kaufentscheidung und bringen Sie in Erfahrung, wer beim potenziellen Kunden welchen Einfluss hat. Nachdem Sie die Personen mit den unterschiedlichsten Einflussmöglichkeiten identifiziert haben, überlegen Sie sich, wie Sie die einzelnen Gruppen am besten ansprechen:

Gibt es eine Einzelperson oder eine Gruppe, die die endgültige Kaufentscheidung trifft? Welche Käufergruppe wird Ihr Produkt benützen oder seine Benützung kontrollieren? Der Erfolg in der praktischen Nutzung kann darüber entscheiden, ob Sie Ihr Geschäft machen oder nicht. Wer ist für die Empfehlung verantwortlich, ob Ihr Produkt oder Ihre Dienstleistung den verschiedenen Zielvorgaben des Kunden entspricht? Was sagt der Coach? Darunter ist die Person zu verstehen, die als Bindeglied zum Kunden fungiert, Sie zu verschiedenen Käufergruppen führt oder Ihnen beim Verkaufsabschluss wertvolle Unterstützung bieten kann.

Je mehr Sie über die Rollen (Entscheidungsträger, Anwender, Bewacher, Coach), über Interessen und Nutzen, Präferenzen sowie Macht und Einfluss Ihrer Kunden wissen, desto gezielter können Sie nach dem *Was*, seinen Bedürfnissen und Erwartungen, fragen. Weiten Sie den Blick auf ganze Käufergruppen und deren Verhalten aus – Sie sind bei einem ganz grossen *Wer*: dem Markt, den Sie mit Ihrem Unternehmen bedienen.

Nützen Sie Beziehungen im Markt und in der Branche – nützen Sie Industrienetzwerke, um wichtige Entscheidungsträger zu beeinflussen. Helfen wichtige Personen? Wer beeinflusst Ihre Kunden? Wer hilft Ihren Konkurrenten? Involvieren Sie Partnerfirmen mit gleichen Zielen/mit gleichen Konkurrenten.

Investieren Sie Zeit und Ressourcen in die richtigen Menschen an den Hebeln der Mobilisierung in Ihrem Unternehmen: die Menschen, die für das attraktive Sortiment verantwortlich sind, die Menschen im Verkauf und in der Leistungserfüllung. Identifizieren Sie die wichtigsten Power-Personen. Stellen Sie Unterstützung sicher.

Kennen Sie die Situation? Sie machen Urlaub im Süden. Das im Reisekatalog angepriesene Drei-Sterne-Hotel entpuppt sich aber bestenfalls als Zwei-Sterne-Hotel. Der Swimming-Pool wird gerade renoviert. Eine muntere Kakerlaken-Familie macht es sich in der Dusche gemütlich. Und trotzdem: Es ist der schönste Urlaub Ihres Lebens! Denn es ist der erste Urlaub mit Ihrer grossen Liebe. Mit den richtigen und wichtigen Menschen in Ihrem Umfeld werden das *Wo*, das *Was* und das *Wie* sekundär. Auch Ihre persönlichen Energien können Sie nur mit den richtigen Menschen in Ihrem Umfeld mobilisieren. Wählen Sie die Leute aus, die Ihnen wichtig sind.

2. Weiter mit dem *Was*

Das *Was* definieren bedeutet, das Richtige zu tun. Es geht um Effektivität, um die Wirkung im Ziel – beim Kunden und im Markt, aber auch bei Ihren Mitarbeitenden. Es geht um die Zielsetzung für Kunden, Märkte, Mitarbeitende und Führungskräfte. Das *Was* abholen heisst zuhören, zuschauen, sich einfühlen, sich in die Haut des andern versetzen, Bedürfnisse und Erwartungen klären. Kunden und Mitarbeitende können schneller und wirkungsvoller aktiviert und energetisiert werden, wenn gemeinsam attraktive (mentale) Zukunftsbilder entwickelt werden. Das gilt besonders für die strategischen Ziele Ihres Unternehmens. Unternehmensstrategien sind häufig so geheim, dass nicht einmal das Management sie kennt. In der Schublade bleiben mit teuren Beratern entwickelte Strategien heisse Luft. Die Konsequenz ist häufig operative Hektik im *Wie* – als Zeichen strategischer Windstille.

Machen Sie den „proof of the pudding" in Ihrem Unternehmen: Fragen Sie im nächsten Meeting die Teilnehmenden, ob sie doch bitte in drei Sätzen die Unternehmensziele auf einem Blatt Papier notieren würden. Glücklich ist, wer bei fünf Teilnehmenden nicht sechs, sondern nur drei unterschiedliche Antworten erhält.

Um Menschen im Markt und im Unternehmen anzustossen, aufzuwecken und zu aktivieren, sind gemeinsame Zielvorstellung entscheidend wichtig. Wir wollen ja keine „happy people in a sinking boat".

3. Erst jetzt wird das *Wie* aktuell

Das *Wie* betrifft die Umsetzung, die Leistungserfüllung, die Abwicklung der Kundenaufträge, das Management der Kundenprojekte. Es geht darum, dass die richtigen Menschen mit den

Max Feuz
CEO e+h Services AG

*Mobilisieren =
in Bewegung setzen,
zum Handeln bringen*

„ *Führen bedeutet motivieren und mobilisieren, d.h. eine grösstmögliche Masse zum Handeln bringen. Motivation setzt in erster Linie eine eigene Überzeugung, Faszination und den Glauben an die Sache voraus. Erst wenn die Mitarbeiter diese Kraft und den Willen der Führungspersönlichkeit für das Ziel spüren, werden ihre Emotionen aktiviert und somit die Motivation zur Mitgestaltung freigesetzt. Dabei gilt es zu beachten, dass die Ziele zwar eloquent, aber doch einfach und klar kommuniziert werden, denn Kommunikation gestaltet Emotionen. Die eigene Motivation, der Stolz der Mitarbeiter, als Teil der Organisation diese mitgestalten zu dürfen, ist dabei ebenso wichtig wie Vertrauen in die Führung.* "

> **Gedankenstopp**
>
> *Haben Sie schon bald wieder ein Kundenmeeting? Wann ist Ihr nächstes geplant? Arbeiten Sie bei dieser Gelegenheit ganz bewusst nach dem Wer-vor-Was-vor-Wie-Prinzip:*
>
> - *Wer muss dabei sein, wer führt?*
> - *Was ist das genaue Thema – worum geht es?*
> - *Was ist die Situation, der Standpunkt Ihres Kunden? Was sind seine Ziele, Erwartungen, Bedürfnisse, Wünsche, Motive, Träume, Einstellungen? Was treibt Ihren Kunden an? Was mobilisiert ihn?*
> - *Was sind Ihre Ziele? Was wollen Sie erreichen?*
> - *Was ist – vor Ihrem geistigen Auge – das erfolgreiche Ergebnis dieses Kundenmeetings?*

richtigen Fähigkeiten an den richtigen Hebeln der Mobilisierung arbeiten. Die Zusammenarbeit, der Handshake zwischen den einzelnen Playern an den „Rädern", an den Nahtstellen zwischen Markt und Unternehmen, soll effizient und stressfrei erfolgen. Entscheidend ist, dass sich aus den Erfahrungen des *Wie* neue Inputs für das *Was* ergeben: Was ist machbar, was nicht? Wo sind unsere Stärken, was können andere besser? Welche sind unsere Top-Ten-Produkte? Womit machen wir Geld, womit nicht? Streng nach dem Was-vor-Wie-Denken: zuerst die Diagnose, dann die Therapie.

4. Nun können Sie den Mehrwert beurteilen

Das *$-Zeichen* zwischen den Begriffen *Was* und *Wie* symbolisiert den Mehrwert für den Kunden UND für das Unternehmen. Es zeigt auf, wie gut das *Wie* – also die Lösung, das Produkt – zu den Kundenerwartungen passt. Es zeigt aber auch, ob effizient, produktiv, schnell und ohne Umwege gearbeitet wurde und ob das eigene Unternehmen mit der speziellen Lösung für den Kunden auch Geld verdient hat. Das *$-Zeichen* zwischen *Was* und *Wie* ist die Masseinheit, das Thermometer der Treffsicherheit: Stimmen die erbrachten Leistungen mit den Erwartungen überein? Wurde das Budget eingehalten? Wurden kostspielige Schlaufen gedreht, weil das *Was* unvorhergesehene Probleme verursachte? Im Alltag ist immer wieder festzustellen, dass das *Was* missverstanden wird. Dies verursacht Rückfragen bei den Kunden und bei den Geschäftspartnern. Teure Nachbesserungen und

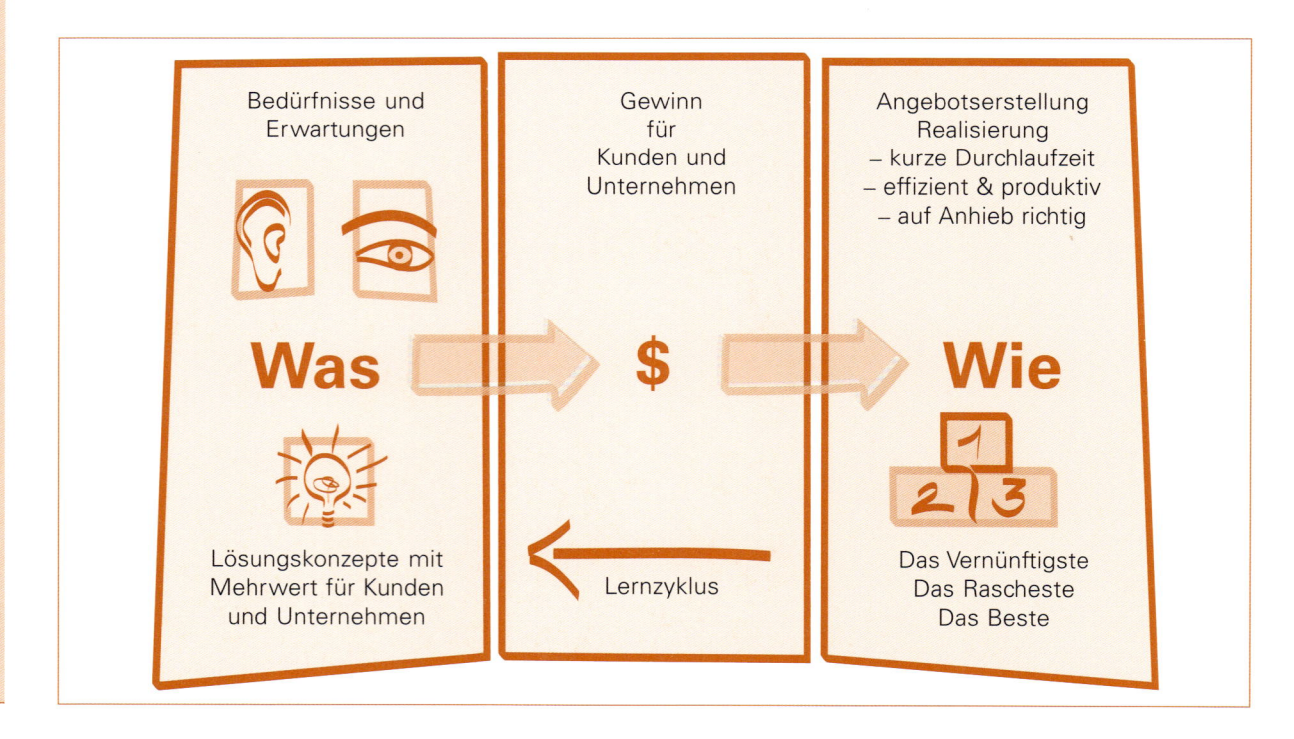

Änderungen der Leistungen sind notwendig. Ist das *Was* nicht schon zu Beginn eines Marketing-, Verkaufs- oder Auftragsabwicklungsprozesses sauber geklärt, können Missverständnisse oder Nachlässigkeiten völlig unnötige Nacharbeits-, Änderungs- und Rückfrageschlaufen – den Strafrunden bei einem Biathlon-Wettkampf vergleichbar – verursachen, die zu erheblichen Zusatzkosten führen, welche den Kunden natürlich nicht weiterverrechnet werden können.

Nehmen Sie sich Zeit, um das *Was* zu klären, damit Sie nicht Probleme verursachen, die Sie später schwer belasten. Sie stehen unter Zeitdruck? Dann raten wir Ihnen erst recht: Wer am Schluss schnell sein will, muss langsam und überlegt beginnen – probieren Sie es aus!

An dieser Stelle möchten wir uns ganz herzlich beim Industriellen und Gründer des Tiergesundheitszentrums, Urs Bühler, bedanken. Er hat dieses Denken in unser Leben gebracht.

Bruno Frick
Ständeratspräsident

„ *Mobilisierung in der Politik verläuft auf Schienen. Es braucht die Mobilisation für das grundlegende Gedankengut einer Partei, für ihre Weltanschauung und für den richtigen Weg unseres Landes.*

Daneben braucht es auch die Mobilisierung für aktuelle politische Fragen, für das Tagesgeschäft, für die Knochenarbeit. Mobilisieren bedeutet also Perspektiven ermitteln und Motivation weitergeben, um diese Perspektiven zu verwirklichen.

Doch mobilisieren kann nur, wer auch Emotionen weckt. Politik ohne Emotionen wäre trockene Wirtschaft. Entscheidend ist das Mass; blosse Emotion wird zur politischen Verführung. "

Vernetzen

Menschen suchen Bindungen. Die richtigen Menschen, abseits stehend, genügen nicht. Sie müssen Individuen miteinander vernetzen. So werden Wissen und Erfahrungen aktiviert. Vernetzen Sie so, wie die Gesellschaft ist: Frauen und Männer, unterschiedliche Sprachen und Kulturen, Jung und Alt, interessante Lebensgeschichten und Hintergründe.

„Wherever you are, whatever you do – share your dreams with someone who loves you"

Chillout-Song – gehört in der Wellness-Oase im Hotel Schwarz in Mieming, Österreich

Wissen Sie, wie dieses Buch entstanden ist? Nein? Zuerst haben wir diskutiert, WER an diesem Buch mitarbeiten soll: Zwölf Menschen: sechs Frauen und sechs Männer; bei den Männern drei Seniors mit grosser Führungserfahrung und drei Personen, die wir Professionals nennen: Personen mit Projekt-, Management-Support- und Trainingserfahrung. Wie ist nun aber das Buch entstanden? Jede der zwölf Personen hat in ihrem Leben andere Erfahrungen gemacht, jede hat anderes Wissen im Kopf, aber auch andere Fähigkeiten. Die zwölf Personen verfügen insgesamt über ein halbes Jahrtausend an Lebenserfahrung in den Köpfen und in den Herzen. Dieses Wissen muss zusammengebracht und aktiviert werden. Wissen wird aktiviert, indem Menschen sich austauschen. Menschen vernetzen heisst Wissen aktivieren und teilen!

So sind diese zwölf Personen während dreier Wochen an einem schönen, motivierenden Ort zusammengekommen. Sie haben miteinander diskutiert, argumentiert, Ideen entwickelt, einen gemeinsamen Nenner gefunden, Dispositionen verabschiedet, Texte erarbeitet, neuerlich diskutiert und argumentiert. Sie haben intensiv am Buch gearbeitet und am Abend bei einer guten Flasche Markowitsch (einem Chardonnay, den wir wärmstens empfehlen können) weiterphilosophiert und positive Zukunftsbilder entworfen. Wie im menschlichen Nervensystem entstehen auch durch die gesellschaftliche Vernetzung von Individuen Kraft, Bewegung und Emotionen. Darum bildet die Vernetzung eine Voraussetzung zu ihrer Aktivierung und zur Mobilisierung der Menschen.

Vernetzen

Das Vernetzungs-Prinzip

Mit diesem Prinzip erreichen Sie…

- *eine bessere Durchblutung von Märkten und Unternehmen*

- *bessere Ergebnisse im Markt, bei den Kunden und bei Ihren Mitarbeitenden*

- *optimale Nutzung des Wissens, der Erfahrungen und des Könnens von Menschen*

Mobilisieren Sie die richtigen Menschen, indem Sie diese Menschen miteinander vernetzen!

Vernetzen Sie im Unternehmen

Die grosse Herausforderung in vielen Unternehmen besteht im richtigen Vernetzen der richtigen Menschen an den Nahtstellen Markt, Kunde und Auftragsabwicklung. Der Handshake, die Stabübergabe zwischen dem Produktmanager und dem Verkäufer, zwischen Verkäufer und Projektleiter, zwischen Entwickler und Produktionsleiter, funktioniert dann optimal, wenn sich die Menschen untereinander austauschen, wenn sie ihre Erfahrungen und ihr Wissen teilen und wenn sie ihre Fähigkeiten aufeinander abstimmen. Ein wirksamer Handshake zwischen den genannten Personen kommt typischerweise in der Zahl und in der Qualität der Nahtstellen zwischen verschiedenen Arbeitsvorgängen und Unternehmenseinheiten zur Geltung. Weniger wirkungsvoll verläuft die Sache im Unternehmen, das wir in der nebenstehenden Abbildung dargestellt haben.

Vermeiden Sie operative Inseln

Vor lauter Hierarchisierung und funktionaler Arbeitsteilung weiss in den einzelnen Abteilungen dieses Unternehmens die linke Hand nicht, was die rechte tut. In diesem Unternehmen mag in jeder Abteilung gute Arbeit geleistet werden und auch die Qualität der Teilleistungen wird durchaus tadellos sein. Trotzdem ist das Gesamtergebnis unbefriedigend, denn im Zusammenwirken, in der Interaktion zwischen den verschiedenen Einheiten, scheinen Defizite zu bestehen. Wie können die Menschen nach dem Wer-vor-Was-vor-Wie-Prinzip denken und handeln, wenn sie nicht miteinander sprechen? Wir meinen damit nicht nur Gespräche zwischen einzelnen Personen; Bilateralismus erzeugt zusätzliche Schnittstellen: Informationen gehen verloren oder werden falsch weitergegeben oder missdeutet. Erinnern Sie sich an das Spiel aus Ihrer Kindergartenzeit, bei dem die Kleinen im Kreis sitzen und das erste Kind dem zweiten einen Satz ins Ohr flüstert, dann das zweite Kind dem

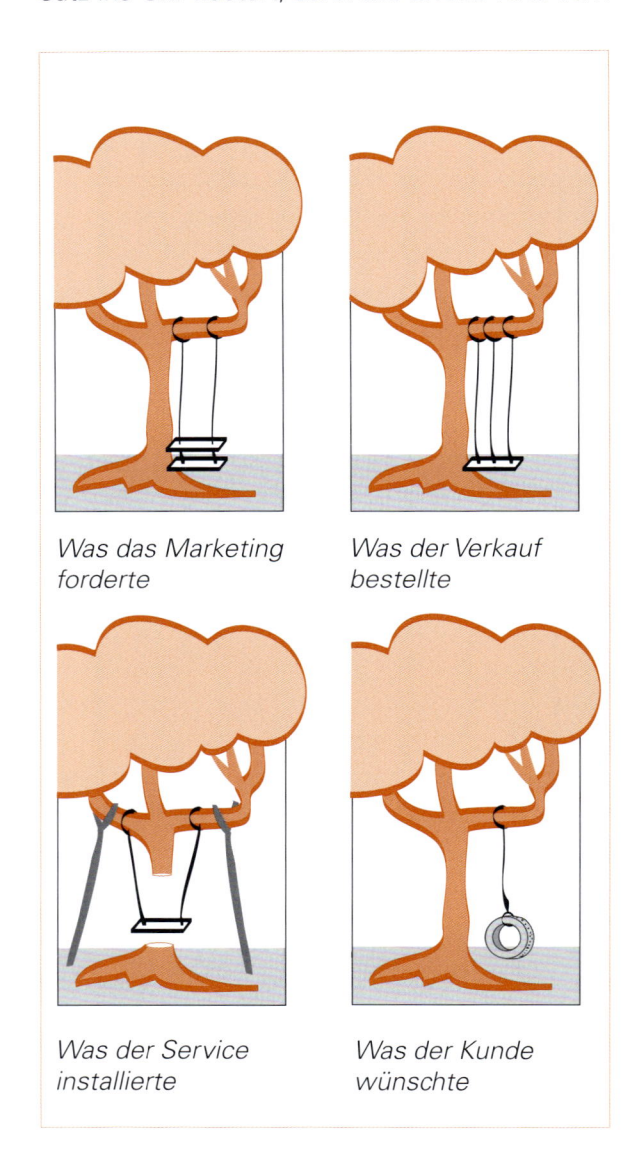

Was das Marketing forderte

Was der Verkauf bestellte

Was der Service installierte

Was der Kunde wünschte

dritten denselben Satz wiederholt usw., bis am Schluss, beim letzten Kind, ein ganz anderer Satz herauskommt. Daher müssen ganze Teams, Gruppen und Organisationsteams zusammengebracht werden, um Erwartungen zu klären, Ziele zu setzen und Zukunftsbilder zu gestalten.

Vernetzen Sie Menschen – nicht nur Systeme
Die Menschen auf den operativen Inseln müssen zusammenwirken. Die Ab-TEILUNGEN müssen wieder ver-NETZT werden. Erst wenn die Wissensfragmente auf diesen Inseln zusammengefasst werden, können sie auch aktiviert und mobilisiert werden. Das ganze Unternehmen wird davon profitieren.

Vor lauter Qualitätsmanagementsystemen und Business Process Reengineering haben wir verlernt, dass es in Unternehmen um Menschen geht, die zusammenarbeiten und gemeinsam etwas bewegen. Allein schon die Begriffe Systeme und Reengineering suggerieren ein Bild vom Unternehmen als Maschine, die man in die Werkstatt bringen kann, wenn sie nicht mehr läuft. Die Berater sind die modernen Betriebsmechaniker.

Menschen sind soziale Wesen, die Bindungen suchen. Ehe, Familie, Mutter und Tochter, Vater und Sohn, Freunde, Vereine, Clubs, Parteien und Unternehmen sind soziale Netzwerke. Gleich unserer Hand mit den fünf Fingern sind die einzelnen Menschen im Netzwerk Individuen und doch Teile des Ganzen.

Werden in Unternehmen Teams, Gruppen, Erfahrungskreise und Organisationseinheiten gebildet,

Adolf Ogi
alt Bundesrat
Sonderbeauftragter des UNO-Generalsekretärs
für Sport im Dienst von Entwicklung und Frieden

Die Bedeutung der Mobilisierung von Menschen

„ *Um grosse Ziele zu erreichen, so wie es die UNO nunmehr seit 60 Jahren versucht, braucht es eine weltweite Mobilisierung von positiven Kräften. Mobilisierung bedeutet das Gegenteil von Lethargie und Gleichgültigkeit und ist die Basis für eine bessere Welt.*

Mein Anliegen als Sonderberater des UNO-Generalsekretärs für Sport im Dienst von Entwicklung und Frieden ist die Mobilisierung der Menschen mit Hilfe des Sports. Dabei versuche ich, selbsttragende internationale Netzwerke zu bilden.

Der Sport ist ein ideales Vehikel, um Menschen jeglicher Herkunft zu erreichen und ihnen die Grundwerte des Zusammenlebens zu vermitteln. Der Sport spricht vor allem die Jugend an, die sich sonst nur schwer mobilisieren lässt. "

Backen Sie grosse Kuchen im Netzwerk! Insgesamt wird wegen reger Nachfrage der relative Anteil an den Kuchen zwar kleiner, absolut wird aber die Zahl der Kuchenstücke grösser. Einzelkämpfertum lohnt sich nicht

werden Menschen inspiriert und mobilisiert, wenn man beide Geschlechter, unterschiedliche Altersgruppen sowie verschiedene Sprachen, Kulturen, Ansichten und Einsichten miteinander vernetzt.

Vernetzen Sie Männer und Frauen
Unser Unternehmen PRO4S beispielsweise lebt nach dem so genannten Drei-Kreise-Modell. Darin bildet das PRO4S-Netzwerk die Gesellschaftsstruktur ab, um die Menschen möglichst wirksam zu mobilisieren.

Die Frauen sind der erste PRO4S-Kreis. Frauen bringen andere, differenzierte und neue Betrachtungsweisen ein. Sie harmonisieren die oft von Männern dominierte Wirtschaftswelt. Beachten Sie einmal, wie sich die Stimmung allein durch die Anwesenheit von Frauen ändert. In unseren Befähigungsprojekten und Trainings für unsere Kunden haben sich Moderatorenteams „Frau/Mann" sehr bewährt. So finden sich die Teilnehmerinnen und die Teilnehmer im Moderatoren-Team wieder. Wenn wir bei Kunden, die unsere Arbeitsweise kennen, ausnahmsweise einmal im „Mann/Mann"-Team auftreten, reagieren sie meist sofort: Wo ist die Frau?

Vernetzen Sie Juniors und Seniors
Die Seniors sind der zweite PRO4S-Kreis. Seniors bringen Führungs- und Lebenserfahrung ein. Sie verfügen über ein sicheres Gespür, was realisierbar ist. Sie halten durch ihre besonnene Art die „Herde" beisammen. Zudem haben die Seniors selber über die Jahre hinweg ein vitales und attraktives Netzwerk aufgebaut – ihre Lebensfamilie. Auch hier finden sich ältere und jüngere Adressaten wieder, wenn (Moderatoren-) Teams nach dem Prinzip „Senior/Junior" gebildet werden.

Die Professionals sind der dritte PRO4S-Kreis. Professionals sind Menschen mit Projekt-, Management-Support- und Trainings-Erfahrung. Sie bringen Theorie- und Konzeptwissen ein.

Vernetzen Sie Mitarbeitende und die Führung mit Kunden
Vernetzen Sie die Menschen an den Nahtstellen Markt, Kunde und Auftragsabwicklung. Beginnen Sie mit Ihrem Markt, mit Ihren Kunden. Der Kunde ist Teil und Motor des Netzwerks in Ihrem und um Ihr Unternehmen. Bringen Sie Ihre Kunden häufig mit den Menschen Ihres Unternehmens zusammen – nicht nur mit den Verkäufern, sondern auch mit den „hinter den Kulissen" Tätigen. Nützen Sie den Erfahrungsaustausch, um zu lernen und weiterzukommen. Aber die Kunden wollen sich auch gegenseitig austauschen, so wie sich die Mitarbeitenden untereinander austauschen wollen. Kunden wollen von Kunden lernen.

Die Führung ist das Schmiermittel an den Nahtstellen Markt, Kunden und Auftragsabwicklung. Führen heisst vernetzen. Wenn wir Mitarbeitende eines Unternehmens befähigen und trainieren, ist das Management immer involviert, sowohl in die Entwicklung als auch in die Durchführung – auf Platz, im Sinne eines Managementdialogs mit den Mitarbeitenden. Auch die Vernetzung unterschiedlicher Rollen, Berufe, Kulturen, Ansichten und Einsichten mobilisiert Menschen:

Front- mit Backoffice, Turnschuh mit Birkenstock, Traditionalisten mit Visionären, Numbers-Crunchers mit Querdenkern. Nun wissen wir, wen wir vernetzen, um Menschen zu mobilisieren. Die nächste Frage lautet: „Wie vernetze ich?"

Wie Sie vernetzen

Um es gerade vorwegzunehmen: Vernetzen ist mühsam und aufwändig. Die Initialkosten sind hoch. Es muss viel Zeit und Geld investiert werden. Vernetzen heisst permanent, kontinuierlich und immer wieder Menschen zusammenbringen. Und es kann sehr lange dauern, bis das Vernetzen erste Früchte trägt. Doch diese Früchte werden grösser sein als alle andern, die Sie bis anhin geerntet haben.

Unser Tipp für Sie...

Nutzen Sie als Führungskraft ab sofort Mitarbeiter-Trainings, um sich mit Ihren Mitarbeitenden zu vernetzen! An diesen Trainings kommen grosse Gruppen von Mitarbeitenden aus den unterschiedlichsten Abteilungen und Funktionsbereichen sowie von unterschiedlichen Hierarchiestufen zusammen: Führen Sie einen Managementdialog über Ihre Unternehmensziele mit Ihren Mitarbeitenden!

Vernetzen

Gedankenstopp

Dann und wann braucht der Mensch Streicheleinheiten. Bieten und nützen Sie die richtigen Mobilisierungsplattformen. Sorgen Sie für eine motivierende Erfolgsumgebung, wenn Sie Menschen durchs Vernetzen zusammenbringen. Wie das funktioniert? Lesen Sie einfach weiter!

Um Ihnen diese Arbeit leichter zu machen, hier ein paar „Regeln des Vernetzens":

First give – then take

Bitte beachten Sie die Reihenfolge! Machen Sie sich klar, was Ihr Beitrag im Netzwerk bewirkt. Was macht Sie einzigartig und wertvoll? Wo liegen Ihre Stärken? Im Netzwerk hat jeder seine Rolle – ist aber auch Teil des Ganzen. Energien, Erfahrungen, Wissen und neue Kontakte kommen bald zu Ihnen zurück. Und alles, was Sie geben, kommt um ein Vielfaches vermehrt zu Ihnen zurück.

Vernetzen heisst vertrauen

Die Basis gut funktionierender Netzwerke ist das Vertrauen. Um Vertrauen zu erhalten, müssen Sie sich zuerst öffnen und Vertrauen schenken, dann werden Sie es auch zurückerhalten. Probieren Sie es aus – Sie werden nicht enttäuscht werden!

Vernetzen Sie nicht um des Vernetzens willen

Vernetzen Sie dort, wo Sie die attraktiven Kunden, die interessanten Menschen, die grossen Budgets und die grössten Geschäftsherausforderungen antreffen. Vernetzen Sie an den Hebeln der Mobilisierung: der Führung und der Nahtstelle Kunde, Markt und Auftragsabwicklung! Nicht jeder muss mit jedem kooperieren. Es geht nicht um „Je-ka-mi" oder „Ringelpiez mit Anfassen" nach dem Motto: Schön, dass wir darüber gesprochen haben.

Vernetzen Sie durch das persönliche Gespräch

Nehmen Sie zuerst Menschen in kleinem Kreise zur Brust – und tun Sie das immer wieder. Zeigen Sie in kleinem Kreise auf, was im grossen stattfinden soll. Leben Sie es vor! Wie bei einem Farn gibt die ganze Pflanze wieder, was sich schon in den kleinen Blättern findet.

Entlasten Sie sich

In Netzwerken kommen Sie mit Menschen zusammen, an die Sie aus eigener Kraft allein gar nie geraten würden. Delegieren Sie Arbeiten an Spezialisten und Experten im Netzwerk, die es besser machen als Sie – die Menschen in den Netzwerken werden motiviert und mobilisiert, wenn sie Verantwortung übernehmen dürfen.

Aktivieren Sie möglichst alle Menschen in Ihrem Netzwerk

Erinnern Sie sich an das Beispiel mit den kommunizierenden Röhren? Wenn einzelne Menschen im Netzwerk keine Rolle oder Aufgabe haben, sich separiert statt integriert fühlen, sinkt das Energie-Niveau des ganzen Netzwerks – wie der Wasserstand bei den kommunizierenden Röhren.

Vernetzen Sie in die Tiefe

Netzwerke, wie wir sie verstehen, sind keine Small-Talk-Bühnen. Nutzen Sie Netzwerke, um zu lernen und persönlich weiterzukommen. Geben Sie einander Feedback. Halten Sie sich gegenseitig den Spiegel vor. Mit gegenseitiger konstruktiver Kritik entwickelt sich der Einzelne, aber auch das ganze Netzwerk weiter.

Unser Tipp für Sie...

Vernetzen Sie die wichtigsten Kunden mit Ihrem Unternehmen.

Führen Sie einen Event durch, bei dem sich Kunden, Verkäufer, Projektleiter und Entwickler Ihres Unternehmens in ungezwungenem Rahmen austauschen! Vergessen Sie nicht, auch die Partner Ihrer Kunden einzuladen!

„If people grow, business grows", denn das Netzwerk ist mehr als die Summe seiner Teile.

Mobilisierungsplattformen

Mittels der ansprechend gestalteten Erfolgsumgebung werden Menschen mobilisiert. Das attraktive *Wo* wird nun entscheidend. Der Ort und die entsprechenden Kontaktsettings schaffen Neugierde, Interesse, Engagement und Begeisterung.

„Zusammenkunft ist ein Anfang. Zusammenhalt ist ein Fortschritt. Zusammenarbeit ist der Erfolg"

*Henry Ford
(1863 – 1947),
amerikanischer
Automobilhersteller*

Stellen Sie sich eine Jacht im Mittelmeer vor. Auf dieser Jacht befinden sich die Senior Managers, die Verkäufer, die Entwickler und die Techniker Ihres Unternehmens. Draussen auf Deck entwickeln Sie an runden Tischen mit sechs oder sieben Personen, an so genannten Round Tables, Lösungskonzepte für Ihre Kunden. Sie sind dabei aber nicht allein: Einzelne Schlüssel-Kunden Ihres Unternehmens wirken an der Entwicklung von Lösungskonzepten auch mit. Es herrscht eine entspannte und kooperative Atmosphäre. Trotzdem wird intensiv gearbeitet. Eine lauwarme Brise weht über die diskutierenden Menschen. Gestern Abend schon, beim Welcome Dinner auf dem Schiff, sind erste Ideen entstanden, die jetzt unter dem stahlblauen Himmel des Mittelmeers weiterentwickelt werden. Das Welcome Dinner hat bereits eine gute Atmosphäre zwischen den Führungskräften, den Mitarbeitenden und den Kunden geschaffen als Nährboden für kreative Ideen. Schon an der Bar sind diese Ideen dann diskutiert worden. Gleichzeitig sind Beziehungen vertieft worden.

Zwei Gruppen integrieren Inputs und Ideen von Experten Ihrer Kunden und Ihres Unternehmens mittels Telefonkonferenzen in die Diskussion über die Lösungsentwicklung. Am Mittag werden beim Steh-Lunch, vorne beim Bug, die Gruppen neu gebildet. Informelle Gespräche mit unterschiedlichen Menschen finden statt. Plätze und Gesprächspartner werden ganz ungezwungen gewechselt. Nach dem Essen bilden sich erneut Gruppen, die zwischen Bug und Heck hin und her spazieren. Bei diesem zwanglosen „walk & talk" werden die am Morgen diskutierten Themen

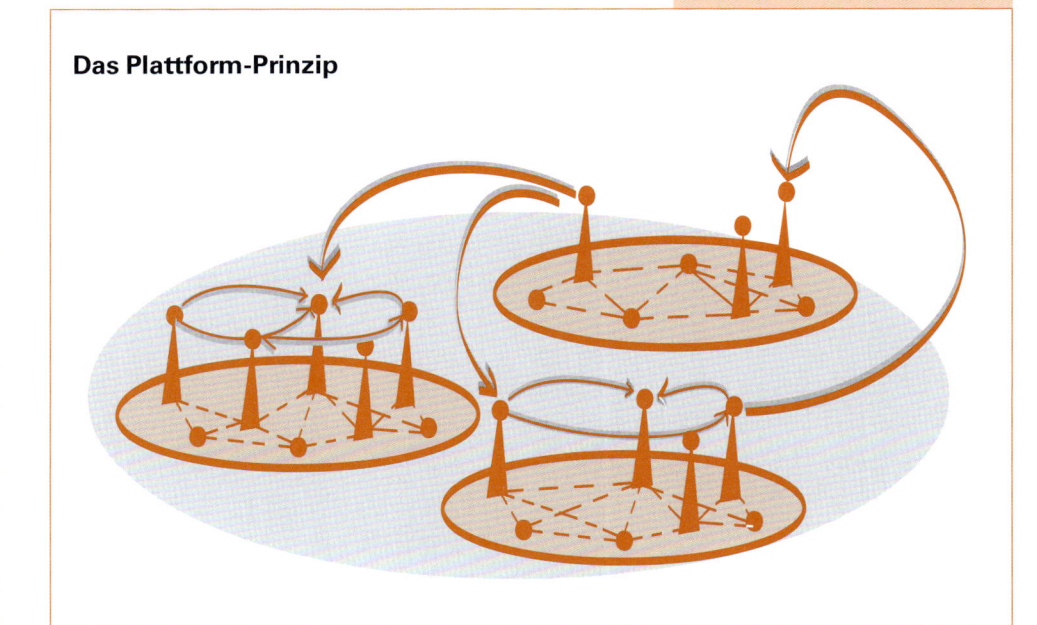

Mobilisierungsplattformen

Das Plattform-Prinzip

Mit diesem Prinzip erreichen Sie...

- *Kontakt- und Kommunikationsgelegenheiten zwischen den richtigen Leuten*

- *einen wirkungsvollen Austausch mit Ihren Zielgruppen, weil Menschen mit ähnlichen Interessen, Gewohnheiten und Prioritäten typischerweise dieselben Plattformen auswählen*

- *Kunden, Mitarbeitende und Führungskräfte profitieren von einer bewusst gestalteten Erfolgsumgebung*

Für die Mobilisierung der richtigen Menschen braucht es die richtigen Plattformen

wieder aufgenommen und erwogen. Manche lassen den Blick über das ruhige, weite Meer schweifen. Einige tanken ihre Batterien während sportlicher Aktivitäten im Team auf, bei denen sie sich gleichzeitig unterhalten können – sie joggen oder schiessen auf Tontauben. Sie kombinieren so körperliche und geistige Arbeit: eine ideale Inspirationsquelle!

Am Nachmittag geht die Arbeit an den Round Tables weiter. Über shared editing, messenger/chatten und E-Mail werden die ersten Lösungsskizzen mit zusätzlichen Informationen, Analysen und Statistiken aus dem Backoffice Ihres Unternehmens auf dem Festland angereichert. Es sind Informationen, die nicht direkt online vom Schiff aus dem Content Management System abgerufen werden konnten. Einzelne Gruppen gestalten gegen Abend mit ihren Partnerinnen und Partnern, die ebenfalls an Bord sind, in einem Raum unter Deck mit Stühlen ein so genanntes Kreis-Setting. Von den Teilnehmerinnen und Teilnehmern erhalten die Interessierten erste Feedbacks. Der kommunikative Fluss inspiriert. Interaktion und Austausch werden gestärkt, neue Perspektiven, Ansichten und Einsichten eingebracht.

Am Abend präsentieren sämtliche Teilgruppen ihre Ergebnisse im Seminarraum unter Deck in Form einer so genannten Poster Session: Jede Gruppe präsentiert in zehn Minuten auf einem Poster die Ergebnisse des Tages. Der externe Moderator, der auch für die Planung, Organisation, Gestaltung und Durchführung des ganzen Jacht-Events verantwortlich ist, visualisiert gleichzeitig die wichtigsten Punkte der einzelnen Gruppenpräsentationen mit einprägsamen Symbolen auf dem Tablet-PC mit Beamer. Die ersten Ergebnisse sind viel versprechend. Das Gala-Dinner am Abend mit den Kunden sowie mit den Partnerinnen und Partnern und deren Kindern krönt den erfolgreichen Tag. Die sozialen Beziehungen werden weiter vertieft.

Mobilisieren Sie Menschen an Orten, wo sie sich wohl fühlen und wo sie sich mit gleich Gesinnten austauschen können.

Erfolgsumgebungen machen den Unterschied

Inspirierende Orte, ein stilvolles Ambiente, ein Wohlfühlklima und Naturschönheiten fördern bei den Menschen Kreativität, Begeisterung, Engagement, Neugierde und Interesse. Alle menschlichen Sinne öffnen sich – die Energien fliessen. Menschen kommen sich näher.

Die *Wer*-Bestimmung ist wichtig, die *Wer*-Vernetzung ebenfalls. Schaffen Sie motivierende, anregende und kreativitätsfördernde Erfolgsumgebungen, indem Sie Mobilisierungsplattformen gestalten.

Sie kennen solche Plattformen aus Ihrem privaten Bereich: die ganze Familie mit Kind und Kegel im Badeurlaub an der Adria, das frisch vermählte Ehepaar in der Honeymoon-Suite, den Stammtisch der Kegelfreunde, den Kaffeeklatsch jeden Dienstag um 14 Uhr in der „Sonne" usw.

Sie kennen solche Plattformen auch aus Ihrem geschäftlichen Bereich: Messen, Kunden besichtigen Ihre Firma, Firmenjubiläum, Betriebsfest, Mitarbeiterinformation, Qualitätszirkel, Vertriebs-Meeting, Video- und Telefonkonferenzen, Workshops zur Verbesserung der Marketing-Kommunikation, Produktschulungen, Verkaufstrainings usw.

Pflegen Sie Traditionen

Werfen Sie einen Blick zurück in die Geschichte: Vor mehr als hundert Jahren war die Hochblüte der Salons in Paris. Musiker, Maler, Schriftsteller, Intellektuelle und Politiker trafen sich auf Einladung eines Mäzens, eines Adligen oder eines reichen Grossbürgers an einem bestimmten, meist sehr attraktiven Ort, um zu philosophieren, zu debattieren, Visionen zu entwickeln, sich mit den unterschiedlichsten künstlerischen Disziplinen zu befassen, diese miteinander zu verbinden und zu kombinieren. Oder denken Sie an die kaiserlichen und königlichen Höfe im 16. und 17. Jahrhundert, beispielsweise an den Hof des Sonnenkönigs Louis XIV. in Versailles, wo sich Menschen aus unterschiedlichen Kulturen mit unterschiedlichen Sprachen und Berufen tummelten: was für eine Plattform, was für eine Erfolgsumgebung, die sogar in die Geschichte einging!

Nützen Sie die Ihnen bekannten Plattformen! Schaffen Sie neue, wenn es die für Ihre Bedürfnisse adäquaten noch nicht gibt! Entscheidend ist allein, dass Sie eine attraktive Erfolgsumgebung kreieren. Egal ist auch, ob Sie die Erfolgsumgebung für Ihre Kunden (Kundenevents), für

Mobilisierungsplattformen

Urs Bühler
Präsident des Verwaltungsrates
der Bühler AG
Gründer HealthBalance & Tiergesundheitszentrum

„ *Die Natur mobilisiert tagtäglich perfekt, um für Gegenwart und Zukunft fit zu sein. Wenn wir wieder sehen lernen und staunen können, wie andere – auch die Natur – Probleme lösen, sind wir bereit, einen wesentlichen Schritt zu tun. Deshalb, um uns und andere zu mobilisieren:*
Retour à la nature und retour zum common sense! "

Ihre Mitarbeitenden (Befähigung), für Ihre Führungskräfte (strategische Veränderungsinitiativen), für Ihren Markt (PR und Werbung) oder für die Öffentlichkeit (Medienarbeit) nützen oder neu schaffen. Sie sind der Bühnen- und Kulissengestalter im Lebenstheater Ihrer Familie, Ihrer Kunden und Ihrer Mitarbeitenden. Schaffen Sie Orte der Begegnung, des Lernens, des Erfahrungsaustauschs, der Führung, der Veränderung und der Befähigung. Mit wirksamen Mobilisierungsplattformen erlangen Sie Wertschätzung bei den Kunden und den Mitarbeitenden: Was für eine

Will man Menschen mobilisieren, braucht es dafür auch die richtigen Kontaktsettings

tolle Idee, das Vertriebsmeeting zusammen mit den wichtigsten Kunden in dieser wunderschönen Villa in der Toskana durchzuführen! Sie schaffen zwischen Kunden und Mitarbeitenden verbindliche Beziehungen, die Geborgenheit und Sicherheit vermitteln: Wir sind die PRO4S-Familie! Diese Beheimatung (an einem Ort) bewirkt positive Gefühle; sie sind die Voraussetzung für Ihren Erfolg.

Wichtig ist auch, unterschiedliche Plattformen miteinander zu verbinden und sie in Interaktion zu bringen. Das Mitarbeiter-Training kann auch eine Führungsplattform sein! Oder haben Sie schon einmal Ihre (echten) Kunden in Ihr Kommunikationstraining integriert und diesen Event während einer Woche auf einem Schiff im Mittelmeer durchgeführt?

Mobilisierungs- und Kontaktplattformen gestalten und visualisieren

Das Vernetzen der richtigen Menschen auf Mobilisierungsplattformen erfordert einen (strategischen) Durchführungsplan. Ihn bezeichnet man auch als kommunikatives Planungs- und Führungsdesign oder Makrodesign.

Mobilisierungsplattformen

René Steiner
Leiter Sales & Service Bühler AG

Mit positiver Energie Menschen mobilisieren

„ *Betroffene zu Beteiligten machen, dass sie sich als Teil des Ganzen erkennen können und danach auch handeln wollen. Lass sie am Erfolg teilhaben. Mobilisieren Sie durch positive Energie, mit direkter Kommunikation, sei anfassbar in einem Klima von Offenheit, klaren Zielen als Vorbild, das Vertrauen schafft und verbindet.* "

Die folgende Abbildung zeigt beispiel- und schemahaft die visuell gestaltete Planung, das Makrodesign, einer Mobilisierungsplattform. Die Hauptelemente sind die Zielgruppen in der Vertikalen ganz links und die Schwerpunktthemen in den Kästchen rechts davon, die Zeitachse oben in der Horizontalen, die Beschreibung der Elemente unten und vertikal rechts: *Wer vor Was vor Wie* ist in der Darstellung visualisiert. Beschreiben Sie beim Design von Mobilisierungsplattformen beim *Warum* neben den sachlichen Gründen für die Plattform auch, dass Sie Menschen

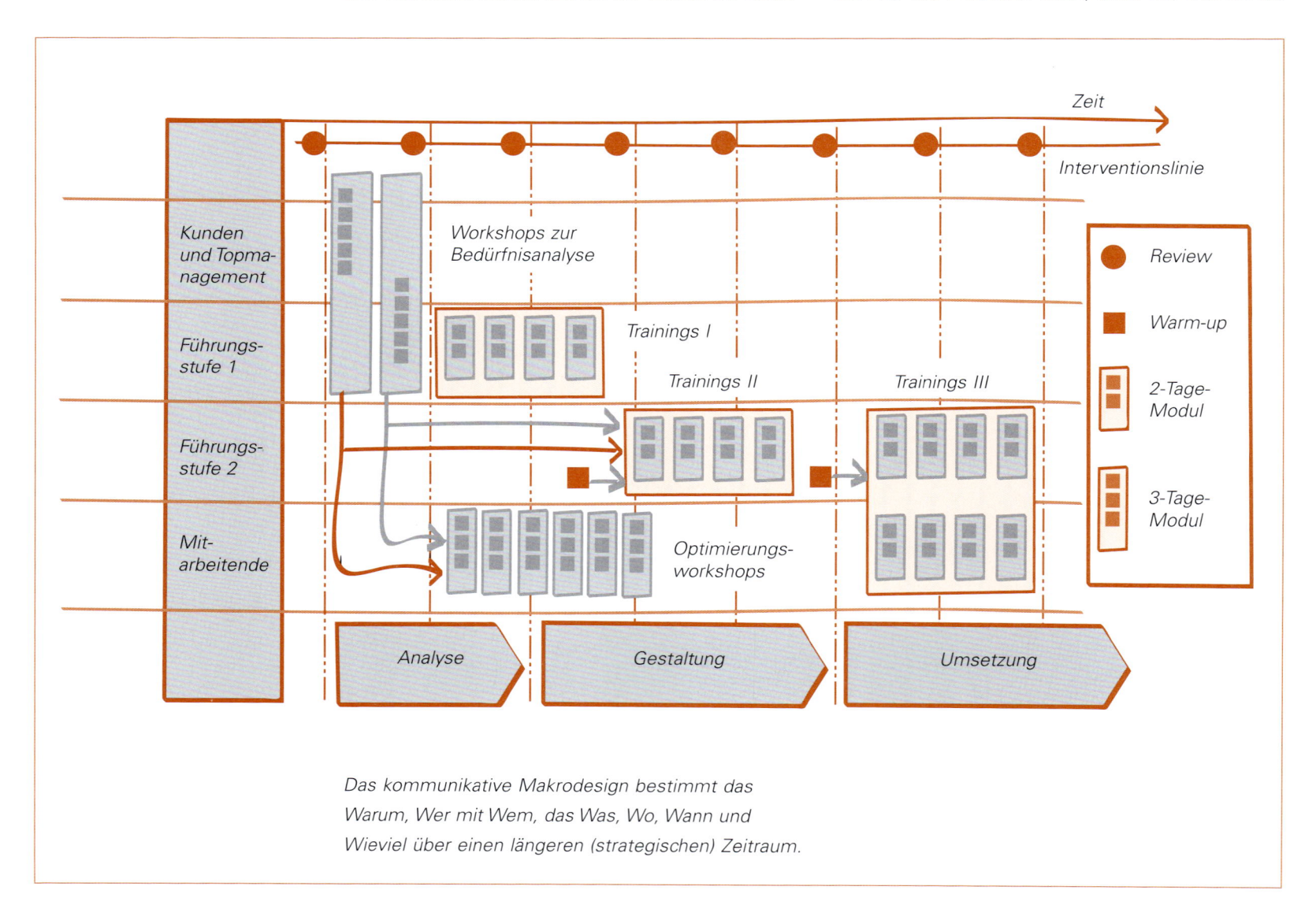

Das kommunikative Makrodesign bestimmt das Warum, Wer mit Wem, das Was, Wo, Wann und Wieviel über einen längeren (strategischen) Zeitraum.

einander näher bringen wollen, dass Sie Emotionen ansprechen wollen und dass Sie die Menschen energetisieren, aktivieren, mobilisieren, inspirieren wollen, egal, ob es sich um Kunden, Mitarbeitende, die Führungskräfte oder gar um Ihre private Lebensfamilie handelt. Achten Sie bei der Bestimmung *Wer mit Wem* darauf, unterschiedliche Sprachen, Kulturen, Geschlechter und Berufe zu vernetzen sowie Hierarchien zu durchbrechen, damit neue Impulse, Ansichten, Perspektiven und Erfahrungen entstehen. Setzen Sie beim *Was* konkrete Ziele. Definieren Sie grob die Inhalte und Themen.

Achten Sie beim *Wo* auf eine attraktive Erfolgsumgebung. Mit *Wann* und *Wieviel* beschreiben Sie, mit welcher Schlagkraft und Kadenz die Aktionen auf der Mobilisierungsplattform stattfinden sollen: Wie oft und wielange sollen sich Verkäufer und Entwickler im nächsten Jahr treffen? An welchen Messen nehmen wir in den nächsten drei Jahren teil? Wer schreibt wann wo wie lange an unserem Firmenbuch?

Der wirksame Einsatz von Mobilisierungsplattformen bedingt eine gute Vorbereitung auf der Basis eines strategischen Plans. Eine gute Planung versetzt Sie in die Lage, die richtigen Menschen am richtigen Ort zur richtigen Zeit an den (strategisch) relevanten Themen arbeiten zu lassen. Es ist nicht allein Zufall oder Glück, zur richtigen Zeit am richtigen Ort zu sein. Versuchen Sie es! Die Wirksamkeit ist gross.

Machen Sie sich bereits bei der Gestaltung von Mobilisierungsplattformen, also beim *Makrodesign*, Gedanken über das *Wie* der Kommunikation und der Interaktion der Menschen: Welche sind die wirksamen *kommunikativen Kontaktsettings (Mikrodesign)* für Ihre Erfolgsumgebung?

Wählen Sie ein wirkungsvolles Kontaktsetting

Für die Erfolgsumgebung mit Mobilisierungspotenzial ist das richtige Setting der jeweiligen Kontaktsituation entscheidend. Wir nennen das im Unterschied zur Gestaltung und Planung ganzer Mobilisierungsplattformen *Mikrodesign*. Ein kommunikatives Kontakt- und Lernsetting ist ein kulturell bestimmtes Arrangement, das mit bestimmten Formen der Interaktion verbunden ist. Settings – also eigentlich die Art, wie man sitzt – können einen grossen Einfluss auf den

---

Unser Tipp für Sie...

Ziele sind dann wirksam, wenn sie:

- *einfach und klar*
- *herausfordernd, aber doch realistisch*
- *messbar und mit einem Verfallsdatum versehen sind*

Gedankenstopp

Nehmen Sie ein Blatt Papier und einen Stift zur Hand.
Notieren Sie sich Ihre ganz persönlichen privaten und geschäftlichen Mobilisierungsplattformen:
Wo konnten Sie in Ihrem Leben Menschen erfolgreich zusammenbringen und dadurch inspirieren und aktivieren? Wo waren die echten Erfolgsumgebungen? Wo werden Ihre Erfolgsumgebungen in Zukunft sein?

Verlauf von Diskussionen und Gesprächen haben. Settings bilden sich spontan wie etwa die berühmte Zufallskommunikation am Fotokopierer oder werden bewusst gestaltet wie z.B. in Konferenzräumen oder Lehr-/Lern-Arrangements mit E-Learning. Auch Layouts von Fertigungshallen oder Büros lassen sich als Settings interpretieren, die durch ihre Struktur kommunikative Flüsse und damit Wissens- und Lernprozesse bestimmen. Die professionelle Gestaltung kommunikativer Settings, so genannter Mikrodesigns, wird künftig eine zentrale Funktion an den

Hebeln der Mobilisierung sein. Kontaktsettings haben grossen Einfluss auf die für den Führungs- und Verkaufserfolg fundamentalen Vorgänge der Kommunikation sowie der Erfahrungs- und Wissensdiffusion im Rahmen kollektiver Lernprozesse, die zwischen Markt, Kunden und Unternehmen ablaufen.

Trennen Sie die Grob- von der Feinplanung
Auf den jeweilgen Plattformen (Kunden-Event in New York, Messen, Trainings usw.) müssen die einzelnen Kontaktsettings adressatengerecht geplant werden (grob und fein): Wer ist dabei? Welche Ziele sollen erreicht werden? Wie wollen wir kommunizieren? Mit welchen Themen beschäftigen sich die Teilnehmenden? Was bringt sie weiter? Wie bringen wir die Menschen einander näher? Mit welchen Mitteln kann man die Teilnehmenden überraschen und aus der Reserve locken? Entscheidend für den Mobilisierungserfolg ist auch ein zielorientiertes Briefing der Teilnehmenden, der Beteiligten. Nach der Durchführung ist eine Reflexion des Erfolgs mittels eines Debriefings nützlich: Waren die richtigen Menschen dabei? Wurden die Ziele erreicht? Können wir das Kommunikationsverhalten ändern, besser unterstützen? Wurden die richtigen (IT-)Kommunikationsmittel eingesetzt? Wenn Sie all diese „lessons learned" aus den Debriefings sammeln, werden Sie mit der Zeit immer schneller das richtige Setting und die Eignung der Setting-Alternativen für die jeweilige Kommunikations- und Kontaktherausforderung finden.

Makro- und Mikrodesign von Mobilisierungsplattformen wirken in ihrer Ausprägung und Gestaltung sehr stark zusammen: Die Mikrodesigns (Kontaktsettings) ergeben sich aus dem längerfristigen Makrodesign (Planung der Plattform) – das Makrodesign dagegen wird durch Inputs aus den durchgeführten Kontaktsituationen auf der Mikroebene beeinflusst.

Apropos Mobilisierungsplattformen: Jedes Jahr organisiert ein anderer Partner aus dem PRO4S-Netzwerk in seiner Erfolgsumgebung, an seinem Ort, den PRO4S-Partner-Event. So kommen wir in der ganzen Welt herum und werden von attraktiven Standorten sowie unterschiedlichen Lebensweisen inspiriert.

Unser Tipp für Sie...

Wenn Sie Mobilisierungsplattformen für Ihre Kunden und Mitarbeitenden entwickeln, achten Sie darauf, dass es echte Erfolgsumgebungen sind.
Beantworten Sie beim nächsten Kunden-Event oder beim nächsten Mitarbeiter-Training folgende Fragen:
Sind die richtigen Menschen eingeladen?
Mit welchen Kontaktsettings werden diese Menschen optimal vernetzt?
Spricht die Plattform (ein Schloss am See, ein Seminarhotel in den Bergen, ein Schiff auf dem Meer...) die Bedürfnisse und die Sinne der Menschen an?
Werden sie auf der Plattform inspiriert und aktiviert?

Kommunizieren – Visualisieren

Menschen mobilisieren heisst sich in die Haut des anderen versetzen, seine Anliegen und Erwartungen verstehen, mit ihm gemeinsam Lösungen visualisieren, entwickeln sowie kurz, einfach und bildhaft erklären.

„Das Geheimnis des Erfolges ist, den Standpunkt des anderen zu verstehen"

*Henry Ford
(1863 – 1947),
amerikanischer
Automobilhersteller*

Herr Sprecher ist Verkäufer der Firma Archivsysteme AG. Wieder einmal hat er einen Termin bei einem potenziellen Kunden. Die administrative Zentrale eines Dachverbandes hat den absoluten Dokumenten-Kollaps erlitten und will nun mit einem geeigneten Archivsystem wieder Ordnung in die Dokumente bringen. Herr Sprecher konnte mit Frau Frager, der Vorsitzenden des Dachverbandes, sowie mit Herrn Kritisch, dem administrativen Leiter, ein Meeting von 45 Minuten Dauer vereinbaren. Natürlich hat sich Herr Sprecher exzellent darauf vorbereitet. Es ist ja nicht sein erstes. Akribisch hat er die Internet-Seite des Dachverbandes studiert. Fein säuberlich hat er das Logo des Dachverbandes von der Homepage heruntergeladen und mit „Einfügen – Grafik – ..." in seine Standard-Firmen- und -Produktpräsentation aufgenommen. Macht sich gut, denkt er. Natürlich hat er auch nicht vergessen, das Datum anzupassen und den Dateinamen zu ändern: dachverband_praes.ppt steht unten rechts auf der Powerpoint-Seite. Ja wenn das nicht massgeschneidert ist!

Nun steht er vor dem Hochhaus des Dachverbandes. Keine Spur von Nervosität. Er hat ja schon sehr viele Erfahrungen gesammelt – bei zahlreichen Kunden vorgesprochen, sich im ganzen Land und darüber hinaus die Füsse vertreten. (Anmerkung der Autoren: Von diesem Verb kommt übrigens auch die Bezeichnung „Vertreter".)

Er klingelt. „Sprecher von Archivsysteme, grüezi", antwortet er der Stimme aus der Gegensprechanlage. Dutzende Male hat er diese vier

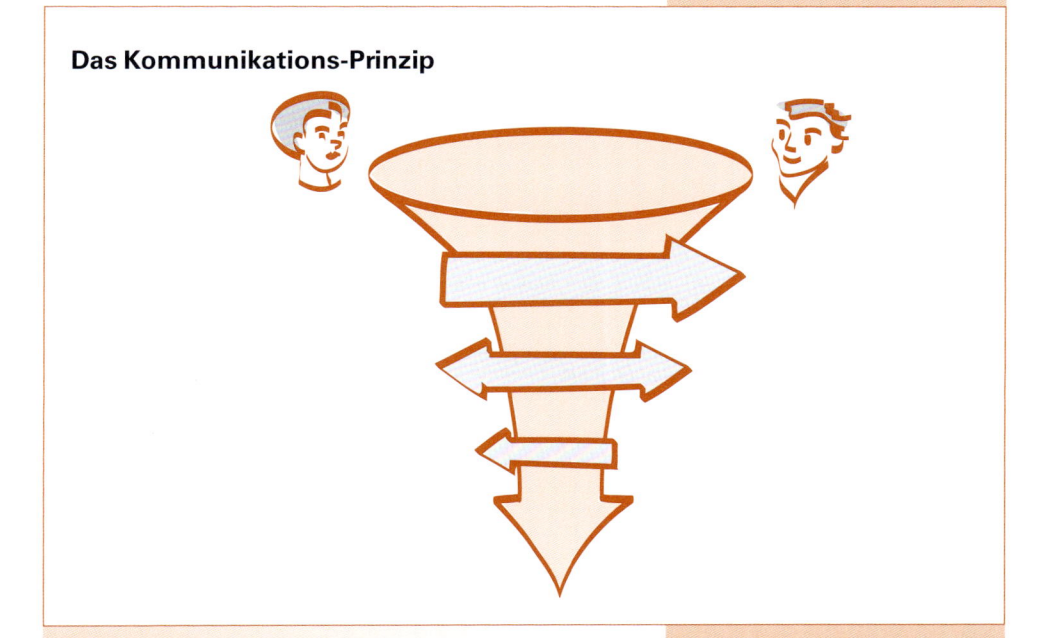

Kommunizieren – Visualisieren

Das Kommunikations-Prinzip

Mit diesem Prinzip erreichen Sie...

- *eine gemeinsame Sprache und gemeinsame mentale Bilder im Markt, bei den Kunden und im Unternehmen*

- *Transparenz, Verbindlichkeit, Verständnis und Vertrauen*

- *Involvierung der Kommunikationspartner*

Gemeinsame Bilder mobilisieren Menschen

Wörter schon ausgesprochen. Besonders freundlich und positiv klingts, wenn er bei „Sprecher …" etwas tiefer beginnt und bei „… grüezi" in einer höheren Tonlage endet. Hat er mal in irgend so einem Verkaufsseminar gelernt und dann zuhause mit seiner Frau am Baby-Phone stundenlang geübt. Er nimmt den Lift, weil er sonst beim Kunden keucht und schwitzt, nähme er die Treppe. Oben angekommen präsentiert er Frau Frager und Herrn Kritisch seine frisch renovierten Beisserchen, er lobt die Architektur des Hochhauses und schimpft über das Wetter, um irgendwie das Gespräch aufzunehmen. Im Meeting-Room packt er seine Firmen- und Produkt-Broschüren aus, dann legt er die Farb-Folien neben den Hellraum-Projektor.

Gespannt sitzen Frau Frager und Herr Kritisch da. Herr Sprecher stellt zuerst einmal zehn Minuten lang die sagenhafte Firma Archivsysteme AG vor. Frau Frager würde jetzt gerne auf ihr Anliegen zu sprechen kommen und macht deshalb einen zaghaften Versuch, Herrn Sprecher beizubringen, dass sie bereits genug über die sensationelle Firma Archivsysteme AG wisse. „Ich würde gerne beliebt machen, Ihnen nun einen Überblick über die gesamte Produktpalette unserer Firma zu geben, damit Sie sich nachher besser entscheiden können", antwortet Herr Sprecher. „Also gut", meint Frau Frager. Die Hochglanz-Folien von Herrn Sprecher flitzen über den Hellraumprojektor. Gewaltig, diese Produkte. Und so

Menschen mobilisieren heisst mit Menschen kommunizieren. Ein interaktiver Dialog, bei dem das Empfangen und gemeinsam Entwickeln wichtiger ist als das Senden.

schön in Szene gesetzt. Die könnten mit ihren Systemen sämtliche Dokumente der UNO archivieren. 20 weitere Minuten ziehen durch den Meeting-Room. Dann wagt Herr Kritisch räuspernd eine Frage zu stellen – er konnte geschickt das Einatmen von Herrn Sprecher nutzen, um zu Wort zu kommen: „Passen denn Ihre Produkte auch in unser Unternehmen?" „Aber selbstverständlich, Herr Kritisch", ist die Antwort. Frau Frager beginnt zaghaft zu erklären, wo die Herausforderungen in ihrem Unternehmen seien. Herrn Sprecher wirds warm: „Darf ich mir erlauben, mein Jackett auszuziehen? Es ist so warm hier drin." Schon genial, was man in diesen Verkaufsseminaren so alles lernt, denkt Herr Sprecher: Immer freundlich fragen; das macht Eindruck. Die 45 Minuten sind fast um. „Gerne sind wir bereit, Ihnen ein Angebot zu schreiben. Wir würden Sie gerne zu unseren Partnern zählen!", sagt Herr Sprecher zum Schluss freundlich lächelnd. Partner – nicht Kunde, das ist genial, hab ich in diesem Bestseller „Successful Selling" gelesen, denkt Herr Sprecher und ist mit sich und seiner Arbeit zufrieden.

Wie wird die Geschichte wohl enden? Wird Herr Sprecher verkaufen können? Was meinen Sie? Wie hätten Sie die zur Verfügung stehenden 45 Minuten gestaltet?

Kommunizieren – Visualisieren

Sich Zeit nehmen, um das Gegenüber zu verstehen

Was will der Kunde auf der anderen Seite des Tisches oder an der anderen Seite des Telefons? Was will der Mitarbeitende, mit dem ich als Führungskraft ein Gespräch führe? Kurz gesagt: Er will verstanden werden. Wer sich – wie wir jeweils sagen – abgeholt fühlt, erfährt genau die Wertschätzung, die gewünscht und erwartet wird.

Wenn Sie mit Kommunizieren mobilisieren wollen, heisst Kommunizieren „verstehen", „in die Haut des Gegenübers schlüpfen", „Perspektiven wechseln". Kommunizieren heisst für Produktmanager, Verkäufer, Projektleiter und Führungskräfte gleichermassen, alle, die Ihnen gegenübersitzen, als (Kommunikations-)Kunden zu behandeln, im Markt und im Unternehmen.

Wer fragt, der führt

Wenn Sie ein Gespräch führen, den Lead in einem (Verkaufs- oder Mitarbeiter-)Gespräch haben, hören Sie aktiv zu. Zeigen Sie dadurch Interesse und Wertschätzung, indem Sie Fragen stellen. „Fragen" wirkt in Führung und Verkauf wie ein Wundermittel. Man kann mit Fragen viel bewegen, mobilisieren, aktivieren. Ein Blick in den Alltag: Die Eltern befehlen dem neunjährigen Lukas, dass er in seinem Zimmer aufräumen soll. Lukas fragt: „Warum?" Von Kindern können wir sehr viel lernen! Zweites Beispiel: Die Frau sagt zum Mann: „Du solltest unbedingt abnehmen." Frage des Mannes: „Wie meinst du das?" – Was passiert hier? Lukas schickt den Verantwortungsaffen von seinen Schultern auf die seiner Eltern.

Nina Schiestl
Direktorin globale klinische Forschung und Entwicklung Baxter BioScience

Wie ich Menschen mobilisiere, hängt davon ab, wen ich vor mir habe und was ich zu bieten habe.

„ *Von gewissen Grundbedürfnissen, beispielsweise dem Bedürfnis nach Wertschätzung, kann man bei allen Menschen ausgehen und ihnen in den meisten Fällen entsprechen. Während jedoch ein Unternehmen Erfolg, Karriere, finanzielle Sicherheit, Arbeit in Spitzenteams usw. in Aussicht stellt, wird im Rahmen einer sozialen Hilfsaktion wohl eher das Bedürfnis nach sinnvoller Tätigkeit befriedigt. Im gleichen Ausmass variieren auch die persönlichen Ziele der Angesprochenen.*
Je genauer wir also über die Ziele, Wünsche und Werte der Menschen Bescheid wissen, die es zu mobilisieren gilt, und je besser wir die Möglichkeiten des Projekts kennen, um diese Bedürfnisse zu befriedigen, desto eher werden wir Aktivitäten, Kreativität und Leistung stimulieren, die weit über das Erwartete hinausgehen. "

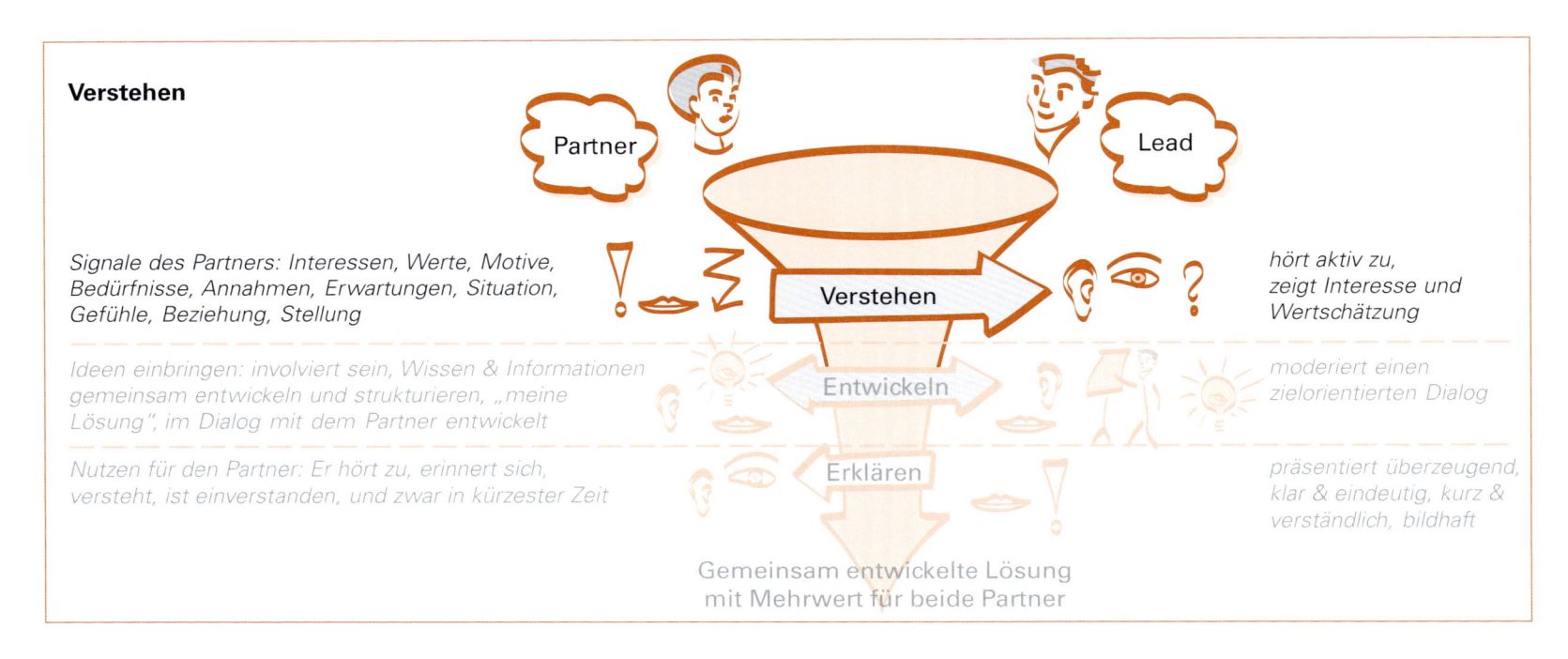

Verstehen

Signale des Partners: Interessen, Werte, Motive, Bedürfnisse, Annahmen, Erwartungen, Situation, Gefühle, Beziehung, Stellung

Ideen einbringen: involviert sein, Wissen & Informationen gemeinsam entwickeln und strukturieren, „meine Lösung", im Dialog mit dem Partner entwickelt

Nutzen für den Partner: Er hört zu, erinnert sich, versteht, ist einverstanden, und zwar in kürzester Zeit

hört aktiv zu, zeigt Interesse und Wertschätzung

moderiert einen zielorientierten Dialog

präsentiert überzeugend, klar & eindeutig, kurz & verständlich, bildhaft

Gemeinsam entwickelte Lösung mit Mehrwert für beide Partner

Und der Mann nimmt nicht – wie in solchen Situationen meist üblich – sofort eine Rechtfertigungshaltung ein; er schickt – wie Lukas – den Verantwortungsaffen von seinen Schultern auf die seiner Frau: Frau, du bist dran! Beobachten Sie sich einmal selber, wie Sie auf solche Aussagen reagieren! Den Verantwortungsaffen müssen Sie sich übrigens so wie ein kleines, süsses Gibbon-Äffchen vorstellen, das flink und wendig von Schulter zu Schulter der Menschen springt.

In Lösungen, nicht in Problemen denken

Ihr Ziel ist es doch, mit Ihren Gesprächspartnern gemeinsam entwickelte Lösungen samt Mehrwert für beide Seiten zu erreichen: Win-Win-Situationen – zugegeben, klingt etwas abgedroschen: Aber haben Sie einen besseren Vorschlag? Der erste Schritt zu gemeinsam entwickelten Lösungen samt Mehrwert für beide Seiten ist, die Signale des Gesprächspartners einzufangen: seine Interessen, Werte, Motive, Bedürfnisse, Annahmen, Erwartungen, Ziele, Gefühle, seine Situation und seine (Ein-)Stellung. Es geht darum, Wissen aufzunehmen. Sie holen das *Was* ab – bevor Sie das ganze *Wie* verkaufen. Durch aktives Zuhören zeigen Sie Interesse und Wertschätzung: Sie spitzen die Ohren, beobachten genau und stellen viele Fragen. Das ist mit ein Grund, warum uns der liebe Gott nur einen Mund, dafür von Aug und Ohr je ein Paar gegeben hat. Daher zeigt der Pfeil „Verstehen" in der Abbildung oben von links nach rechts.

Kommunizieren – Visualisieren

Das Prinzip im Verkauf anwenden

Fragen Sie nach den Träumen, Visionen und Zielen des Unternehmens: Was sind Ihre gewagtesten Unternehmerträume? Welche Vision ist Ihnen die liebste? Fragen Sie nach den Werten, den Interessen und der Position des Unternehmens: Welche Position im Markt streben Sie an? Welche Position hat der wichtigste Entscheidungsträger inne? Welche Themen interessieren Sie am meisten? Worauf konzentrieren Sie sich bei der Führung in den nächsten fünf Jahren? In welchen Bereich werden Sie die meisten finanziellen Mittel investieren? Welches sind Ihre Leidenschaften? Fragen Sie nach den Bedürfnissen, Anforderungen und Wünschen des Unternehmens: Wie können wir Ihnen und Ihrem Unternehmen helfen? Welche Rolle können wir in Ihren Träumen und Visionen spielen? Was können wir Ihnen bieten, um Sie zu unterstützen? Wo sehen Sie uns in Ihrem Lösungskonzept? Welche grundlegenden Anforderungen muss ein potenzieller Anbieter oder Partner erfüllen? Welche sind die grundlegenden Kriterien für eine perfekte Lösung? Welche Elemente einer möglichen Lösung sehen Sie schon? Fragen Sie nach den Möglichkeiten, Chancen und der Realisierbarkeit: Welches Investitionsvolumen wird für die nächsten Jahre geplant? Wie wollen Sie die Investitionen finanzieren? Wie rasch können wir mit einem möglichen Projekt beginnen? Bestehen besondere Herausforderungen bezüglich der Investition für ein solches Projekt? Fragen Sie nach der Position Ihres Unternehmens innerhalb der Konkurrenz: Wo orten Sie unseren Konkurrenzvorteil? Wie sehen Sie unsere Stärken und Schwächen? Was müssen wir verbessern, um

Rolf Dörig
CEO SwissLife AG

„ *Wer Menschen mobilisieren will, muss Vorbild sein, muss auf die Menschen zugehen, den richtigen Ton und Takt anschlagen und sich stets vergewissern, dass die Balance zwischen Alt und Neu, Machbarem und Wunschdenken stimmt.*
Wer das tut – und es gerne tut –, kann Menschen zum Wohle des Einzelnen wie des gesamten Unternehmens „bewegen". "

Der Mensch hat zwei Ohren und zwei Augen, aber nur einen Mund. Zuhören und Sehen ist für die Natur wichtiger als Sprechen

Ihr Partner in diesem Projekt zu werden? Welche könnten die Gründe sein, dass wir den Zuschlag für dieses Projekt nicht erhielten? Was schätzen Sie an unseren Konkurrenten A, B oder C? Was gefällt Ihnen nicht an uns? Welche sind Ihre Kriterien zur Bewertung eines Anbieters? Welche sind Ihre Bedingungen, damit wir dieses Projekt ausführen dürfen?

Der obere Teil des Trichters in der Abbildung stellt einen Tisch dar. Die mentalen (Zukunfts-)Bilder der Gesprächspartner sind zu Beginn des Gesprächs meist so weit auseinander, wie der Tisch dazwischen symbolisiert. Natürlich kann man über geschickte Kontaktsettings (Mikrodesigns) den Gesprächsverlauf positiv beeinflussen, aber das ist Ihnen ja bereits bekannt. Wir PRO4S-Autoren beispielsweise hatten eine Woche lang praktisch nur mentale Bilder zu harmonisieren, bis wir endlich mit Schreiben beginnen konnten. Die Abbildung zeigt auf, dass es sich bereits in der Phase des Verstehens lohnt, unterschiedliche mentale Bilder, Vorstellungen, in den Köpfen der Gesprächspartner visuell zu harmonisieren – am besten: in Wort UND Bild. Bereits der einfache Begriff „Haus" löst bei den Zuhörern unterschiedliche mentale Bilder aus.

Um die Bedürfnisse und Erwartungen abzuholen und die mentalen Bilder zu harmonisieren, sind Moderationsfähigkeiten gefragt wie die eines Fernseh-Moderators, Thomas Gottschalks zum Beispiel. Der stellt die Fragen den Schönen und Reichen, den Politikern, den Musikern. Entwickeln auch Sie Fragekompetenz! Stellen Sie vor allem offene Fragen – nicht solche, die man nur mit Ja oder Nein beantworten kann. Das gilt für Verkäufer und Führungskräfte gleichermassen.

Als Führungskraft sind Sie der Mo(dera)tor an den Hebeln der Mobilisierung. Aktivieren Sie möglichst alle Mitarbeitenden – halten Sie eigene Gesprächsbeiträge knapp. Die Führungskraft als Mo(dera)tor involviert über Fragen die Mitarbeitenden und macht Betroffene zu Beteiligten. Der Handshake zwischen den Mitarbeitenden im Markt draussen und im Unternehmen drinnen wird wirkungsvoller. Der Verkäufer moderiert die Verkaufsgespräche in Richtung erfolgreichen Abschluss. Aber Achtung: Moderieren kommt vom lateinischen „moderare", d.h. auch „mässigen": Mässigen Sie also Ihren Anteil am Verkaufsgespräch!

Kommunizieren – Visualisieren

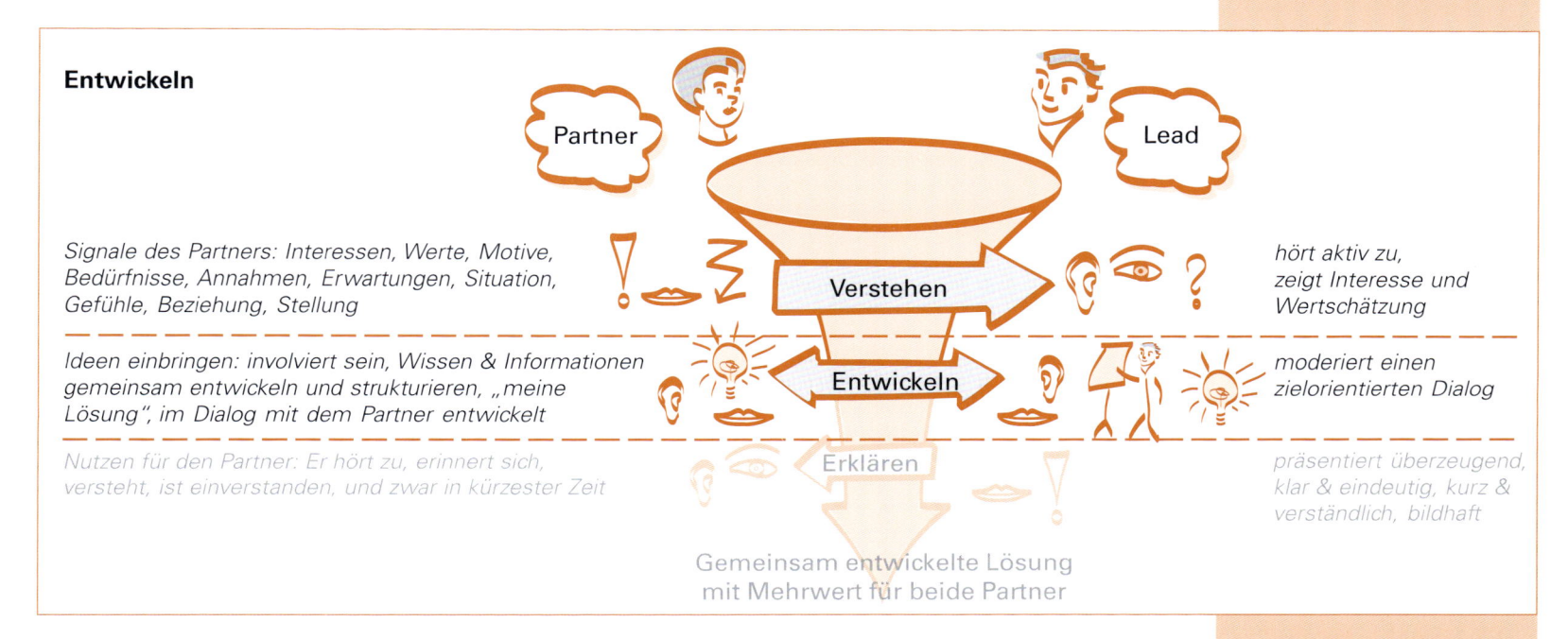

Entwickeln

Partner — Lead

Signale des Partners: Interessen, Werte, Motive, Bedürfnisse, Annahmen, Erwartungen, Situation, Gefühle, Beziehung, Stellung

Verstehen

hört aktiv zu, zeigt Interesse und Wertschätzung

Ideen einbringen: involviert sein, Wissen & Informationen gemeinsam entwickeln und strukturieren, „meine Lösung", im Dialog mit dem Partner entwickelt

Entwickeln

moderiert einen zielorientierten Dialog

Nutzen für den Partner: Er hört zu, erinnert sich, versteht, ist einverstanden, und zwar in kürzester Zeit

Erklären

präsentiert überzeugend, klar & eindeutig, kurz & verständlich, bildhaft

Gemeinsam entwickelte Lösung mit Mehrwert für beide Partner

Gedankenstopp

Wann findet Ihr nächstes Kundengespräch statt? Demnächst? Nehmen Sie sich ganz bewusst vor, dann die Erwartungen, Bedürfnisse, Werte, Wünsche, Motive und Beweggründe des Kunden zu erkennen, egal, ob im persönlichen Gespräch oder am Telefon. Bereiten Sie aber das Gespräch mittels einer Liste möglicher Fragen vor, um die gegenwärtige Situation Ihres Diskussionspartners in Erfahrung zu bringen. Und nicht vergessen: Wer fragt, der führt. Behalten Sie also die Gesprächsführung! Seien Sie auch darauf vorbereitet, nächste Schritte vorzuschlagen.

Gemeinsam Lösungen entwickeln

Der zweite Schritt zu Lösungen samt Mehrwert für beide Seiten ist, gemeinsam Wissen zu strukturieren und zu visualisieren. Unterstützen Sie gemeinsame Lernprozesse mit Ihren Kunden und Ihren Mitarbeitenden, indem Sie als Verkäufer oder Führungskraft auf dem Flip-Chart, Tablet-PC oder Hellraum-Projektor Bilder, Grafiken und Schemata skizzieren. Die Entstehung dieser Skizzen können alle mitverfolgen. Jeder kann sich mit Ideen einbringen. Es entstehen gemeinsame Bilder. Weiter vorne in diesem Buch haben wir ja bereits von der „Kraft der bildhaften Kommunikation" gesprochen. Über einen zielorientierten Dialog werden Kunden und Mitarbeitende involviert. Die Gesprächspartner nehmen Anteil an der Lösung. Sie bringen Ideen ein. Ein Kunde wird kaufen, wenn er sich in der Offerte wiederfindet. Ein Mitarbeiter wird hinter der Lösung stehen, wenn er an der Lösungsentwicklung mitgewirkt hat. In der Entwicklungsphase spielt neben den Augen und den Ohren auch der Mund eine zentrale Rolle. Ideen, Lichtblitze, Lösungsvorschläge werden formuliert. Echte Lösungsalternativen werden erarbeitet, strukturiert und einander gegenübergestellt. Sprechen Sie die Augen Ihrer Kunden und Mitarbeitenden an, indem Sie gemeinsam mit ihnen strukturieren und visualisieren – am besten vor Ort. Wenden Sie dafür den richtigen „Mix" von Strukturen und Visualisierungen an – beschränken Sie sich dabei nicht ausschliesslich auf abstrakte Lösungen. Setzen Sie moderne Kommunikations-Technologien wie Laptop, Tablet-PC und Beamer bei der

Kommunizieren – Visualisieren

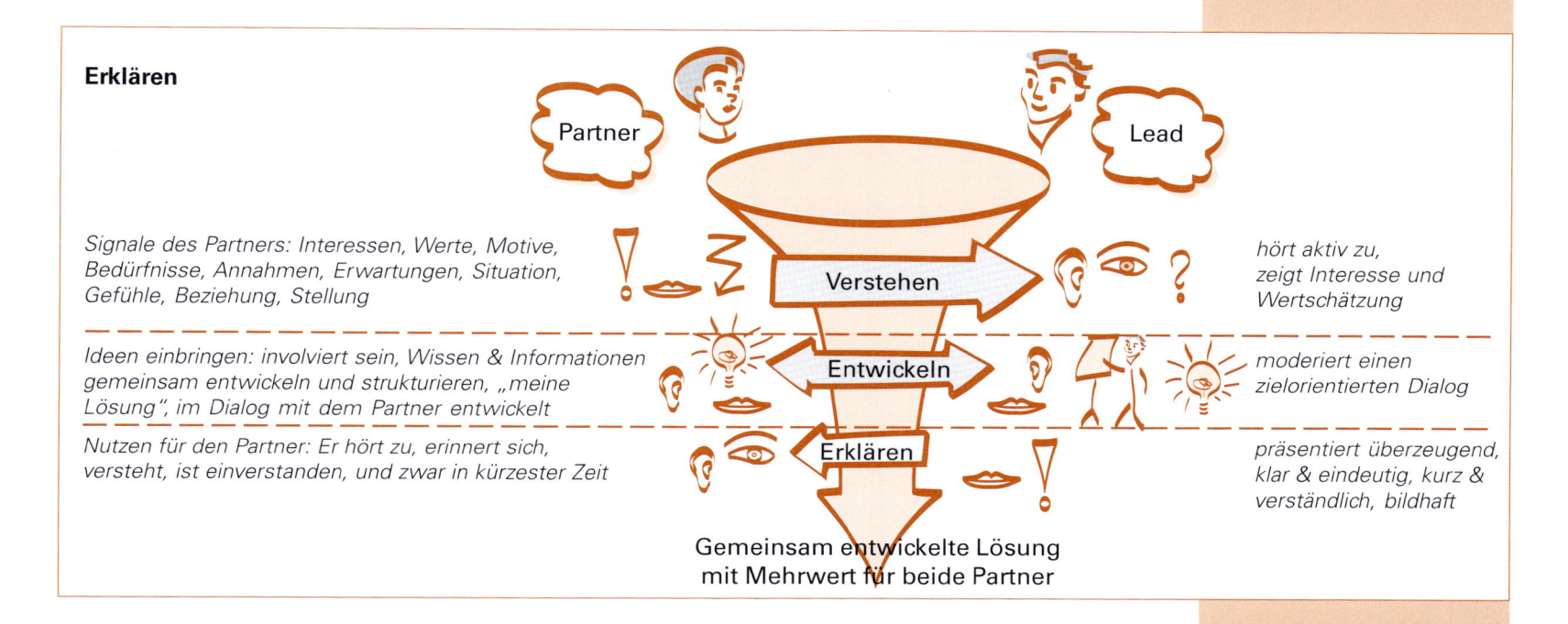

Erklären

Signale des Partners: Interessen, Werte, Motive, Bedürfnisse, Annahmen, Erwartungen, Situation, Gefühle, Beziehung, Stellung

Ideen einbringen: involviert sein, Wissen & Informationen gemeinsam entwickeln und strukturieren, „meine Lösung", im Dialog mit dem Partner entwickelt

Nutzen für den Partner: Er hört zu, erinnert sich, versteht, ist einverstanden, und zwar in kürzester Zeit

Partner — Lead

Verstehen — *hört aktiv zu, zeigt Interesse und Wertschätzung*

Entwickeln — *moderiert einen zielorientierten Dialog*

Erklären — *präsentiert überzeugend, klar & eindeutig, kurz & verständlich, bildhaft*

Gemeinsam entwickelte Lösung mit Mehrwert für beide Partner

Entwicklung gemeinsamer Wissensstrukturen gezielt ein. Schauen wir uns doch einmal eine gemeinsam entwickelte Wissensstruktur an: In einem weltweiten Reorganisationsprojekt eines grossen Technologiekonzerns entstand z.B. die nebenstehende Abbildung links unten im Zusammenwirken mit den Schlüsselpersonen dieses Unternehmens – die Führungskraft moderierte das Team und visualisierte gleichzeitig die Ergebnisse auf dem Tablet-PC. Über den Beamer konnten alle Workshop-Teilnehmer die Entwicklung der Ergebnisse mitverfolgen.

Erklären Sie kurz, einfach und bildhaft

Der dritte Schritt ist das Erklären, das Präsentieren, das Wissenvermitteln. Hier stellt derjenige, der den Lead im Gespräch hat, auf „Senden". Hier geschieht das, was viele Verkäufer oder

> *Unser Tipp für Sie...*
>
> *Wenn Sie Lösungen präsentieren,*
>
> - *präsentieren Sie kurz – gehen Sie davon aus, dass Ihr Gesprächspartner nicht viel Zeit hat*
>
> - *präsentieren Sie einfach – damit es Ihr Gesprächspartner auch versteht*
>
> - *präsentieren Sie bildhaft – damit sich Ihr Gesprächspartner auch erinnert*

> **Gedankenstopp**
>
> *Führen wir bei unseren Kunden Verkaufsgespräche durch, arbeiten wir vor Ort beim Kunden mit Tablet-PC und Beamer. Gemeinsam mit dem Kunden entwickeln, strukturieren und visualisieren wir Lösungskonzepte zu seinem Nutzen – bereits in der Akquisephase. Diese Lösungskonzepte werden Bestandteil der Offerte. Der Kunde hat sich selbst in die Offerte eingebracht. Kann man da noch Nein sagen?*
>
> *Tell me – and I will forget, show me – and I may remember, involve me – and I take care!*

Führungskräfte viel zu früh tun: Sie sprechen. Der Mund steht hier im Vordergrund. Daher zeigt der Pfeil in der Abbildung von rechts nach links. Hier muss das Commitment vom Kunden oder vom Mitarbeitenden erreicht werden: „Jawohl, geben Sie mir den Vertrag – ich unterschreibe!" – „O.K., ich werde für dieses Projekt die Projektleitung übernehmen!" Und merken Sie sich: Gehen Sie vom Nutzen Ihres Gesprächspartners aus. Er muss zuhören, verstehen, sich erinnern, einverstanden sein, und das in möglichst kurzer Zeit.

Wenn beide Parteien in der gemeinsam entwickelten Lösung einen Mehrwert sehen, haben Sie es geschafft. Wenn Sie in der letzten Phase des Erklärens und Präsentierens merken, dass Ihre mentalen Bilder noch nicht gemeinsame Bilder sind, werden Sie vielleicht nochmals auf die Phase der Entwicklung zurückgehen, um alternative Konzepte und Lösungen zu erarbeiten. Oder haben Sie das Was in der ersten Phase ungenügend abgeholt? Dann heisst es: nochmals fragen, fragen und zuhören, zuhören. Am Schluss müssen zwischen Kunde und Verkäufer, zwischen Führungskraft und Mitarbeitenden Partnerschaften entstehen, die auf Transparenz, Verbindlichkeit, Verständnis und Vertrauen basieren. Mobilisieren können Sie nur mit echten Partnerschaften. Sie wissen ja – es kommt auf den Artikel an: Es heisst „DIE Partnerschaft" und nicht „DER Partner schafft".

Die drei Phasen des Verstehens, Entwickelns und Erklärens sind miteinander verbunden, also nicht unbedingt immer nur sequenziell abzuarbeiten. Die trichterähnliche Darstellung in der Abbildung zeigt jedoch, wie die mentale Distanz zwischen den beiden Gesprächspartnern kleiner wird. Der Tisch, an dem die Gesprächspartner sitzen und der diese auch physisch voneinander trennt, ist mental verschwunden. Man ist sich einig und steht hinter der Lösung.

Wie Einatmen und Ausatmen müssen „Verstehen, Entwickeln, Erklären" zu einer unbewussten Kompetenz beim Kommunizieren mit Kunden, Mitarbeitenden, Lebenspartnern und Freunden werden. „Verstehen, Entwickeln, Erklären" muss bei allen Verkäufern und Führungskräften ins Unterbewusstsein unauslöschlich eingepflanzt sein. Das geht natürlich nur über Üben, Üben, Üben. Drill & Practice sind angesagt. Wir helfen Ihnen gerne dabei: www.pro4s.com

Kommunizieren – Visualisieren

Fredy Lienhard

lic.oec.HSG und Inhaber der Lista Gruppe

„ *Geschichten bewegen Menschen mehr als alles andere. Wenn ich meinen Mitarbeitern eine Geschichte erzähle, spreche ich nicht nur ihren Verstand an, sondern auch die emotionale Seite des Zuhörers, damit wird die linke und die rechte Hirnhemisphäre angesprochen, ich erreiche den ganzen Menschen.* „

Macher vor Ort

Wenn Sie bei Menschen grosse Wirkung in sehr kurzer Zeit erzielen wollen, arbeiten Sie vor Ort mit den richtigen Leuten dort, wos passiert – an Messen, im Betrieb Ihres Kunden oder im Büro Ihrer Mitarbeitenden.

„Gibt es einen Unterschied zwischen Theorie und Praxis? Es gibt ihn in der Tat"

*Werner Mitsch (*1936), deutscher Aphoristiker*

Anpackende Kulturentwicklung vor Ort
Der Verwaltungsrat beauftragte den CEO, Herrn Topper, damit, die Unternehmung strategisch neu auszurichten. Die Zielsetzung wurde in den Schlagworten Wachstum, neue Produkte und neue Märkte zusammengefasst. Herr Topper hat seine Hausaufgaben sofort erledigt. Er hat sich seine Gedanken gemacht, ist mit seiner Geschäftsleitung in eine mehrtägige Klausursitzung gegangen und hat einen ersten Wurf herausgebracht.

Schnell hat er aber auch erkannt, dass dieser Prozess begleitet und moderiert werden muss. In Absprache mit dem Verwaltungsrat hat er eine renommierte Beraterfirma damit beauftragt, die Strategie-Entwicklung zu moderieren sowie die Ergebnisse zu strukturieren und zu visualisieren. Das Ergebnis liegt nun in Form einiger Ordner, Diagramme, Grafiken und Präsentationen vor. Die Beraterfirma ist aus dem Haus, geblieben ist nur die Rechnung, diese aber nicht zu knapp.

Was Herrn Topper nun Sorgen bereitet, ist der nächste Schritt: Wie schaffen wir den Transfer? Wie bringen wir die neue strategische Ausrichtung in die Köpfe der Mitarbeitenden? Wie bringen wir die Führungspersonen an den Schlüsselstellen dazu, die Neuerungen positiv aufzunehmen, sie noch zu verstärken, vorzuleben und an die Mitarbeitenden weiterzugeben? Er weiss, was er nicht will: Seine HR-Abteilung soll nicht irgendwelche „Kurse" veranstalten, denn die letzten Erfahrungen haben gezeigt, dass die Grenzen sehr schnell erreicht sind. Auch die Erfahrung mit einem Anbieter aus der E-Learning-

Macher vor Ort

Das Macher-vor-Ort-Prinzip

Mit diesem Prinzip erreichen Sie...

* *qualitativ bessere Ergebnisse in kürzester Zeit*

* *schnelle Aktionen bei Veränderungen durch kurze Informations- und Entscheidungswege vor Ort*

* *starke Involvierung und Integration der entscheidenden Menschen vor Ort: Betroffene werden zu Beteiligten und stehen damit gemeinsam hinter den Ergebnissen*

* *die Basis für die Befähigung zur Selbstbefähigung*

* *Kulturveränderungen an der Nahtstelle zum Markt und zu den Kunden*

Mobilisieren Sie am Ort des Geschehens!

Branche, der versprach, das perfekte Programm zur problemlosen, praktisch selbst erklärenden Einführung neuer Produkte herzustellen, ist ihm wegen der komplizierten Arbeitsweise und der hohen Kosten in schlechter Erinnerung.

Bei einem Anlass des Rotary-Clubs kommt er mit einem Kollegen ins Gespräch. Herr Topper schildert ihm in allgemeinen Worten die Herausforderung, die sich ihm gerade stellt. Sein Kollege vermittelt ihm den Kontakt zu einer Gruppierung, die in Form eines Netzwerkes solche und ähnliche Aufgaben schon öfter hervorragend gelöst habe.

Zwei Tage später trifft Herr Topper den Verantwortlichen dieser Firma, Herrn Macher, und im Zuge eines interessanten Gesprächs kann er seine Wünsche, Erwartungen und Hoffnungen einbringen wie auch eine Übereinkunft über die Hard-Facts Zeit und Preis erzielen. Weitere zwei Wochen später wartet Herr Topper gespannt an der Réception auf das Eintreffen der ihm so sehr empfohlenen „schnellen Eingreiftruppe". Wie vereinbart hat er einen grösseren Konferenzraum reservieren lassen und den Haustechniker avisiert, sich für die nächsten Stunden zur Verfügung zu halten. Nach der Ankunft stellt ihm Herr Macher drei weitere Mitarbeitende vor und ohne langes Vorgeplänkel geht es los: Erst einmal wird Material angeliefert, eine eigentliche Logistikübung. Herr Topper beobachtet, wie mehrere

Keine Paralyse durch Analyse! Bei Projekten zur Prozessoptimierung in Unternehmen erarbeiten wir von PRO4S in einer konzertierten Aktion innerhalb einer Woche mit den Mitarbeitenden vor Ort visualisierte Prozesspläne.

grosse Alukisten, Kabelrollen, Bildschirme, Pinwände, kistenweise Bücher usw. angeschleppt werden. Im Konferenzraum entwickelt sich eine rege Tätigkeit, einem Ameisenhaufen vergleichbar: Kabelverbindungen werden gelegt, Projektionsflächen geschaffen, Pinwände aufgestellt, Flip-Charts und White-Boards positioniert und mehrere Informatik-Arbeitsplätze entstehen. Internet-Verbindungen und Vernetzungen werden installiert und getestet, mehrere Beamers werden in Stellung gebracht. Dem Haustechniker tritt zwar der Schweiss auf die Stirne, aber dank seiner Hilfe kann schon bald gemeldet werden: Strom klar, Internet klar, Verbindungen klar. Und auf los gehts los!

Herr Macher hat die Vorbereitungen mit seinen Mitarbeitenden sorgfältig abgesprochen und alle wissen, was sie zu tun haben. Innert kürzester Zeit beginnt ein Teil des Teams mit der Entwicklung der Inhalte, ein anderer befasst sich mit den formalen Anforderungen an Layout und Grafik, kleine informatikgestützte Animationen und Lernprogramme entstehen vor Ort. Aufgrund der kurzen Wege finden bilaterale Gespräche in den Abteilungen statt genauso wie Konsultationen des firmeninternen Rechtsdiensts. Herr Topper beobachtet aber auch mit einem gewissen Erstaunen, wie die Schlüsselpersonen seines Betriebes aktiv in all diese Tätigkeiten eingebunden werden und sich von ihm dabei zum Teil nicht erwartete Talente in Sachen Kommunikation,

Texten, Gestalten, Visualisieren, Strukturieren, Präsentieren usw. offenbaren.

Wie vereinbart soll nach zwei Arbeitstagen eine Zwischenpräsentation der bisher erzielten Ergebnisse erfolgen. Bereits eine Stunde nach Arbeitsschluss startet Herr Macher ab seinem Tablet-PC via Beamer die Präsentation. Alle geleisteten Arbeiten, die Inputs der Mitarbeitenden, die Beiträge der Spezialisten, die mit dem Auftraggeber vereinbarten Zielsetzungen werden dargestellt. Es finden sich dazwischen auch Stimmungsbilder aus der Workshop-Atmosphäre. Herr Macher beschreibt das weitere Vorgehen genau. Gemeinsam wird eine Pendenzenliste erstellt, die Verantwortlichkeiten und die Termine werden fixiert. Man einigt sich darauf, noch einen weiteren Arbeitstag in dieser Umgebung zu verbringen. Nachher wird die Gruppe um Herrn Macher drei Arbeitstage brauchen, um die definitiven Ergebnisse zu liefern: neues Produkt- und Prozess-Handbuch, zielgerichteter Mitarbeiter-Orientierungs-Event, Pilotkurs und Train the Trainer „Unsere neuen Produkte und Märkte".

Werden Sie wie Red Adair
Kennen Sie Red Adair? Genauso arbeiten Sie mit Ihren Kunden und Mitarbeitenden, um diese zu mobilisieren, einfach in einer etwas kühleren Umgebung. Der US-amerikanische Feuerwehrmann Red Adair war schon als Kind wegen seines roten Haarschopfs „der Rote" genannt worden. 1959 gründete er die „Red Adair Co., Wild Well Control". Der Spezialist für „wild gewordene" Ölquellen legte damit den Grundstein für eine beispiellose Karriere, die ihn zum

Macher vor Ort

Theo Prinz
Vorsitzender der Geschäftsleitung der Thurgauer Kantonalbank

„ *In der Führung und in der Zusammenarbeit mit Kunden erachte ich Sozialkompetenz und ein hohes Mass an Empathie als entscheidenden Schlüssel zum Erfolg. Empathie ist die Voraussetzung für eine gute Kommunikation. Wer selbstkritisch ist, offen und ehrlich kommuniziert, gewinnt Respekt, Sympathie und Vertrauen und erzeugt auch Motivation und Initiative!"*

Erfolg hat drei Buchstaben: T-U-N!

Andreas Ackermann, Mentaltrainer (www.aa-training.ch)

Multimillionär gemacht hat. Adair gilt seit Jahrzehnten als der unbestritten erfolgreichste Feuerwehrmann der Welt. Anfang der 1980er-Jahre hatte er bereits über 1000 Ölbrände bekämpft. Danach folgten Brandkatastrophen auf Ölbohrstellen wie z.B. Piper Alpha 1988. Auch im zweiten Golfkrieg in Kuwait in Brand gesetzte Ölquellen konnte Red Adair, damals schon weit über 70 Jahre alt, erfolgreich bekämpfen.

Wir sind sicher, dass Sie keine Mitarbeitenden wollen, die sich in ihren Büros häuslich niederlassen nach dem Motto: My office is my home. Doch für die Arbeit an der Front, im Markt, bei Kunden und an den Orten, wo Führung gefragt ist, brauchen wir keine behaglichen Birkenstock-Schuhe – dort müssen die Menschen fit sein.

> Wir sagen Ihnen jetzt: Schliessen Sie das Buch und gehen Sie noch heute zu Ihrem Kunden! Handeln Sie! Gehen Sie dorthin, wos brennt! Machen Sie es wie Red Adair!

Ein Macher vor Ort zeichnet sich durch bestimmte Eigenschaften aus

- Er lebt nach der Idee „Realisieren vor Studieren"
- Er kümmert sich zuerst um die Menschen und findet die richtigen zur Umsetzung seiner Ideen
- Er kennt seine eigenen Fähigkeiten und Grenzen, aber auch die der Menschen um sich herum, nutzt und verbindet diese optimal – er vernetzt und gestaltet sein Team
- Er findet und organisiert die Plattformen und Settings, um Menschen zusammenzubringen und sie gemeinsam für den Erfolg zu aktivieren
- Er findet mit den Menschen die gemeinsame Sprache und gemeinsame Bilder, indem er visualisiert, strukturiert und Gesamtzusammenhänge aufzeigt
- Er ist Teil einer schnellen Eingreiftruppe und hat dabei immer Zugriff auf die notwendigen Informationen, Ressourcen und Instrumente – unabhängig von Ort und Zeit
- Stets stellt er das Sachziel vor seine persönlichen Ziele
- Er beweist und fördert Loyalität und Integrität in allen Situationen

Die ideale Führungskraft ist ein Macher vor Ort. Er wendet die Mobilisierungsprinzipien direkt mit den betroffenen Mitarbeitenden am Ort des Geschehens an. Auch unangenehmen Aufgaben stellt er sich persönlich. Nur als Macher vor Ort kann er Mo(dera)tor der Mobilisierung sein.

Der erfolgreiche Verkäufer ist ein Macher vor Ort

Im behaglichen Büro können weder Geschäftspotenziale noch attraktive Kunden gefunden werden. Potenziale und Bedürfnisse von Märkten und Kunden können nur im direkten persönlichen Kontakt „abgeklopft" werden. Ein guter Verkäufer ermittelt direkt wirksame Lösungen, die nur im Dialog mit den Kunden gemeinsam entwickelt werden können. Nur als Macher vor Ort kann der Verkäufer Abschlüsse mit Mehrwert für beide Seiten erzielen. In noch kürzerer Zeit werden Sie bessere Ergebnisse verwirklichen.

Macher vor Ort

Wo Sie die Kultur verändern können

Macher vor Ort arbeiten und wirken an den Nahtstellen Markt, Kunde und Auftragsabwicklung. Sie bewegen die Hebel der Mobilisierung

...im Markt:
- auf gemeinsamen Plattformen für mehrere Kunden
- bei Kundenevents
- bei Messen
- mit Roadshows

...beim Kunden:
- in seiner Produktionshalle
- zusammen mit den Kunden des Kunden
- in den Büros der Administration
- in seinen Logistik-Centers
- in seiner Marketing-Abteilung
- in den Ausbildungskursen für seine Verkäufer
- im Head Office und in den Filialen

...bei den Mitarbeitenden:
- in der Kaffee-Ecke
- in der Mensa
- am konkreten Arbeitsplatz
- in der Betriebsversammlung
- in Trainings

Zusammengefasst: Action im Auge des Hurrikans nach dem Motto: Alle Gewehre vors Rathaus!

Beachten Sie als Macher vor Ort folgende Tipps aus unserer Erfahrung

- Mobilisieren Sie Menschen nach dem Motto: Beute heute. Sie realisieren und feiern „quick wins" – ernten „low hanging fruits"
- Entwickeln Sie in kürzester Zeit konkrete, anwendbare und umsetzbare Ergebnisse, egal, ob bei Ihren Kunden oder mit Ihren Mitarbeitenden
- Arbeiten Sie nach der 80/20-Regel: 80% Ertrag – 20% Aufwand. Verabschieden Sie sich vom Perfektionismus: Keine Paralyse durch Analyse
- Konzentrieren Sie alle Kräfte auf den Ort, wos am meisten brennt
- Tun Sie es den Wölfen gleich: Greifen Sie im Rudel an! Setzen Sie die richtigen Menschen in den richtigen Rollen am richtigen Ort ein
- Sprechen und diskutieren Sie nicht lange darüber, was zu tun ist, sondern tun Sie es sofort! Übrigens: Sie sind ja immer noch am Lesen!

Befähigung zur Selbstbefähigung

Erfolgreiche Unternehmen meistern Veränderungen im Markt, bei ihren Kunden und bei ihren Mitarbeitenden im Unternehmen aus eigener Kraft. Sie leben das Prinzip „Befähigung zur Selbstbefähigung" und bewirken dadurch schneller mehr an den Hebeln der Mobilisierung. Vormachen – Mitmachen – Nachmachen als Philosophie der Führungskräfte und Learning by Earning sind entscheidende Grundsätze der Selbstbefähigung.

„Was man lernen muss, um es zu tun, das lernt man, indem man es tut"

Aristoteles (384 – 322), griechischer Philosoph, Begründer der abendländischen Philosophie

Sie kennen vielleicht die Situation: Eben haben hoch bezahlte Berater das umfassende Reorganisationsprojekt MOVE „erfolgreich" abgeschlossen. Die Mitarbeitenden nannten das Projekt zwar MÖWE, weil während und nach der Reorganisation alles so beschissen war. Aber die neuen Abläufe und Strukturen sind wunderbar in dicken Ordnern und auf langen Flow-Charts im Intranet beschrieben. Was im kleinen Zirkel, im Head Office, weit weg von den Stürmen an der Front, das Management und Berater in Zweireihern mit Manschettenknöpfen unter strengster Geheimhaltung hervorgebracht haben, ist nun auf Papier. Aber es ist noch nicht in den Köpfen der Mitarbeitenden, geschweige denn in deren Händen oder gar Herzen. 90% des Budgets sind weg (Armani ist teuer). Nun fehlt das Geld für die Qualifizierung, die Befähigung. Aber halt: Wir haben doch eine HR-Abteilung! Sollen doch die das machen. Die werden ja schliesslich dafür bezahlt. Dann wird geschult. Die HR-Abteilung lädt ein. Das Management wurde auch eingeladen, hat aber leider keine Zeit. Nach den ersten Schulungen kommen die Feedbacks der Mitarbeitenden: „Ich habe Berater A überlebt, ich habe Berater B überlebt, ich werde auch diesen Berater überleben..." – „Kenn ich. Ändern wird sich nichts, auch wenn die machen wie die Maus am Faden." – „Das sitz ich auf der linken Arschbacke aus." – „Das wär dann jetzt schon die fünfte Visitenkarte in diesem Jahr", usw.

Der Bob wurde angeschoben, ohne dass die Mitarbeitenden darin sassen. Sie sind weder involviert noch motiviert, d.h. sie sehen weder den Nutzen noch besitzen sie die Fähigkeiten zur Um-

Befähigung zur Selbstbefähigung

Das Prinzip Befähigung zur Selbstbefähigung

Mit diesem Prinzip erreichen Sie...

- *Mobilisierungsenergien, die ausgeweitet werden*

- *grösseren Mehrwert des Unternehmens: Wissen, Können und Erfahrungen als zentrale Werte werden vermehrt, angereichert, aktualisiert und veredelt*

- *schnellere und von Externen unabhängigere Aktionen für Veränderungen aus eigener Kraft*

setzung. So kann man nicht mobilisieren. Und über eine reine Delegation an die HR-Abteilung funktioniert das schon gar nicht. Qualifizierung, Befähigung muss dort geschehen, wo sie gebraucht wird: in der Linie. (Anmerkung für alle Trainingsanbieter unter Ihnen: Dort befinden sich übrigens auch die grösseren Budgets und zudem die Leute, die darüber entscheiden können.)

Vormachen – mitmachen – nachmachen
Die grundsätzliche Philosophie heisst: vormachen, dann mitmachen (lassen), dann nachma-

Mobilisierungsprozesse brauchen Qualifizierungsprozesse

chen. Prozesse, die strategische Veränderungen bezwecken, sind von Anfang an auch Qualifizierungsprozesse. Daher müssen Menschen, die im Markt und im Unternehmen von den Neuerungen beeinflusst werden, rechtzeitig sorgfältig orientiert und dann ermutigt werden, ihr bereits vorhandenes Wissen zu nützen, neue Kenntnisse zu erwerben und die Herausforderungen der Moderne in Wirtschaft und Gesellschaft erfolgreich zu meistern.

Entwickeln Sie die zentralen Inhalte Ihrer Veränderungen – strategisch, organisatorisch oder personell – gemeinsam mit *Schlüsselpersonen* Ihrer Kunden und Ihres Unternehmens, und zwar von Anfang an. Vernetzen Sie diese Schlüsselpersonen miteinander: Menschen aus den Verkaufsorganisationen mit Menschen aus den Business Lines, unterschiedliche Hierarchien, Juniors und Seniors, Frauen und Männer.

Entwickeln Sie sehr früh *Fallstudien*, die darstellen, wie man in der neuen Organisation oder mit den neuen Produkten und Prozessen arbeitet. Involvieren Sie Ihre Mitarbeitenden in die Entwicklung dieser Fallstudien. Moderieren Sie als Führungskraft die Entwicklung dieser Fallstudien. Ihre Mitarbeitenden lernen viel dabei, auch Ihre Kunden, wenn Sie diese involvieren, und natürlich Sie als Führungskraft – wahrscheinlich – am meisten.

Identifizieren Sie die Rädelsführer, Meinungs- und Stimmungsmacher in Ihrem Unternehmen. Das können Sie auch bei Ihren Kunden machen. Planen, organisieren und führen Sie einen so

Befähigung zur Selbstbefähigung

Konrad Hummler
Geschäftsführender Teilhaber bei Wegelin & Co.

„ *Ich vermittle meinen Kunden und Mitarbeitenden die Gewissheit, dass sie es mit einer auf Fairness, Vernunft, Umsicht und Erfolg ausgerichteten Unternehmung zu tun haben.*
Inspiration durch unbequeme und unkonventionelle Gedankengänge, Unzufriedenheit mit dem Status quo sowie auf Grundsatzfragen ausgerichtete Führungsarbeit ergeben das Amalgam für die unablässige unternehmerische Unruhe.
Entscheidend ist für die Mitarbeiter aller Hierarchiestufen und jeglichen Lebensalters, dass genügend Zuversicht herrscht, am unternehmerischen Erfolg nicht nur beteiligt zu sein, sondern durch ihn auch die eigene Situation systematisch verbessern zu können. Alles andere würde auf die Dauer zu Lethargie und Stagnation führen. "

Investieren Sie in Menschen – damit Ihr Unternehmen auch in Zukunft erfolgreich bleibt

genannten „Train-the-Trainer"-Kurs durch. Die Schlüsselpersonen werden geschult, wie sie mit Übungen an Fallstudien das Wissen um und die Fähigkeiten für die neue Strategie, die neue Organisation oder die neuen Produkte im Unternehmen verbreiten: vormachen – mitmachen – nachmachen.

Mit den eigenen Fallstudien beleben Sie die „leeren" Konzepte und Strukturen der Berater. Ihre Mitarbeitenden identifizieren sich intensiver mit den Veränderungen. Für die Mitarbeitenden sind sie besser nachvollziehbar, da die Fallstudien ihren unternehmensspezifischen Kontext widerspiegeln. Ihre Mitarbeitenden als Fallstudienautoren sind motiviert und aktiviert, sie finden die Schulung schon jetzt toll: „Da werden ja meine Fallstudien geübt."

So moderieren unternehmenseigene Schlüsselpersonen, die in einem „Train-the-Trainer"-Kurs darauf vorbereitet worden sind, das Üben mit von den Mitarbeitenden selber mitentwickelten Fallstudien.

Trainieren – reflektieren – optimieren

Das TUN steht bei der Befähigung der Menschen an erster Stelle. „Action/Reflection" nennen wir das: Ausprobieren, Elaborieren, Reflektieren und Diskutieren von Beobachtungen und Erfahrungen. Mit unternehmensspezifischen Fallstudien die Produktentwicklung, das Verkaufsgespräch

Erfolgreiche Unternehmen brauchen KEINE Berater. Je schneller wir von PRO4S wieder aus Ihrem Unternehmen sind, desto besser. Wir helfen Ihnen den Bob anzuschieben – den Bob durch den Eiskanal ins Ziel steuern können Sie selbst.

und die Prozessbeherrschung immer und immer wieder üben: trainieren – reflektieren – optimieren. Man könnte auch sagen: „Learning by doing." Aus der Reflexion über das Arbeiten an den Fallstudien entstehen wertvolle Learnings zur Optimierung der Markt-, Kunden- und Produktentwicklung sowie zur Optimierung von Auftragsabwicklungsprozessen.

Üben sollte man vor allem den *Handshake* an den verschiedenen Hebeln der Mobilisierung und an den Nahtstellen zwischen Markt und Unternehmen. Dabei geht es vor allem um die Kommunikation und Zusammenarbeit zwischen Kunde und Verkäufer, zwischen Kunde und Projektleiter, zwischen Produktmanager und Verkäufer, zwischen Verkäufer und Projektmanager etc. Wenn Sie zusammen mit dem Kunden üben (in Partnerschaften ist so etwas ja durchaus möglich und sehr wertvoll), können Sie sogar das Prinzip *„Learning by earning"* anwenden. Das macht richtig Spass: Jeden Tag lernen und dabei Geld verdienen.

Ein Punkt noch zum E-Learning: Befähigung verlangt auch nach dem Einsatz moderner E-Learning-Instrumente, nicht nur, aber auch: Selbststudium mit interaktiven Lehr-/Lern-Programmen im Internet oder mit dem Tablet-PC verbindet sich mit Rollenspielen und Lernwerkstätten im Seminarraum. Auf den Mix kommt es an. Deshalb spricht man auch von Blended Learning – wie bei einem guten Whisky.

Befähigung zur Selbstbefähigung

Sind Sie fit zur Selbstbefähigung?
Hand aufs Herz: Wenn Sie folgende Fragen ehrlicherweise mit „Ja" beantworten müssen, würde Ihnen eine Selbstbefähigungs-Initiative nicht schaden, damit Sie auch in Zukunft „mobil" bleiben.

Unser Tipp für Sie...

Als Führungskraft nehmen Sie entscheidend Anteil an der Qualifizierung Ihrer Mitarbeitenden. Nützen Sie die Befähigungsplattformen für Ihre Mitarbeitenden auch als Kommunikations- und Führungsplattformen. Sie steigern durch Ihr Vorbild die Mobilisierungsenergien Ihrer Mitarbeitenden und lernen gleichzeitig selber dazu.

Sind Sie fit zur Selbstbefähigung?

Frage	Ja	Nein
Sprengen Ausbildungs- und Befähigungsmassnahmen regelmässig Ihre Ressourcen an Manpower und Budget?	☐	☐
Geraten Sie bei der Entscheidungsfindung „selber machen" oder „einkaufen" immer wieder in ein Dilemma?	☐	☐
Sind Sie beratergeschädigt? Das heisst, hat man Ihnen schöne Konzepte präsentiert und verkauft, Sie aber bei Ihrer Umsetzung allein gelassen?	☐	☐
Bleibt Ihnen von eingekauften Lösungen nur der Heftpfaster-Effekt? Dort, wo es weh tut, wird kurzfristig geholfen, aber es findet kein Know-how-Transfer mit längerfristiger positiver Perspektive statt.	☐	☐
Fehlen Ihren Schlüsselpersonen notwendige Fähigkeiten, um Linienfunktion und Ausbildungstätigkeit kompetent zu koordinieren?	☐	☐
Fehlt Ihren Mitarbeitenden die Motivation, selber zu lernen, um zu lehren, um sich und andere persönlich weiterzuentwickeln?	☐	☐

Die PRO4S Mobilisierungshebel und -prinzipien

Kleiner Marschhalt. Im Folgenden erfahren Sie, wie unsere Hebel und Prinzipien der Mobilisierung erfolgreich zusammenwirken. In der Abbildungsübersicht auf der nächsten Doppelseite stellen wir die Hebel der Mobilisierung, unser Unternehmensmodell, in die Mitte und damit in den Kontext unserer sechs Mobilisierungsprinzipien.

Sie haben viel gelesen über die Hebel der Mobilisierung, wie entscheidend das Management an der Nahtstelle zum Markt und zu den Kunden ist und wie der Erfolg massgeblich vom Handshake innerhalb des und zwischen dem Produktmarketing, dem Verkauf und der Abwicklung abhängt. Wir haben auch darüber nachgedacht, wie Führungskräfte Mitarbeitende zu erfolgswirksamen Handshakes mobilisieren können, und dafür sechs Mobilisierungsprinzipien vorgeschlagen.

Wer mobilisiert und wer wird mobilisiert?
Sowohl die Hebel der Mobilisierung als auch die Prinzipien sind so gestaltet, dass diese für die unterschiedlichsten Unternehmensgrössen Anwendung finden – vom einfachen Kiosk bis zum multinationalen Industriekonzern. Jedes Unternehmen braucht marktorientierte Leistungssortimente, attraktive Kunden und die Fähigkeit, Leistungen Gewinn bringend und mit Mehrwert für den Kunden zu erfüllen – unabhängig von der Branche und der Unternehmensgrösse. Die Prinzipien helfen, die Führung und Zusammenarbeit in einem Unternehmen zielorientierter und erfolgswirksamer zu gestalten. Die sechs Prinzipien können einzelne Menschen individuell für sich anwenden, um sich selber zu mobilisieren – beruflich wie privat. Vor allem helfen sie aber, andere Menschen zu mobilisieren. Das gilt besonders, wenn Sie Unternehmerin oder Unternehmer sind, Führungskraft oder Projektleiter, aber auch Vereinspräsidentin oder Fussballtrainer der Junioren. Wann immer es darum geht, Menschen zu Höchstleistungen und Erfolg zu bewegen, um attraktive Zukunftsbilder gemeinsam zu realisieren, können die Prinzipien helfen: in der Führung, im Marketing, im Verkauf, in der Verwaltung, in der Administration, in der Produktion, im Bereich des Innovations-, des Wissens- und des Prozessmanagements, im Verein, beim Sport, im Service-Club oder in der Familie.

Wann werden die Hebel und Prinzipien der Mobilisierung angewandt?
Das einfache Unternehmensmodell der Mobilisierungshebel wenden wir häufig an, um uns einen Überblick über ein Unternehmen zu verschaffen, sozusagen als „qualitative Sortierhilfe". Wir verwenden es für eine grobe Analyse, eine Auslegeordnung, der Unternehmenssituation: Ist das Unternehmen v.a. nach innen oder nach aussen orientiert? Ist die Führung die treibende Kraft an der Nahtstelle zwischen Unternehmen und Markt/Kunde? Spielt das Räderwerk zwischen Produktmarketing, Verkauf und Abwicklung oder haben wir Sand im Getriebe? Ist der Verkauf im Vergleich zur Abwicklung zu schwach dotiert? Sind die richtigen Fähigkeiten

Die PRO4S Mobilisierungshebel und -prinzipien

am richtigen Ort eingesetzt? Wie verhält es sich mit den Kommunikations- und Arbeitsplattformen, um eine tolle Teamkultur zu fördern? Und so weiter.

Wenn es darum geht, die Zukunft des Unternehmens mit strategischen Veränderungsinitiativen, Markt- und Kundenentwicklungsprojekten oder umfangreichen Qualifizierungsoffensiven zu gestalten, setzen wir die sechs Prinzipien ein, um die notwendigen Führungsdesigns zu entwickeln. Dabei halten wir die Reihenfolge der Prinzipien ein. Wir beginnen mit dem „Wer vor Was vor Wie" und schliessen mit der „Befähigung zur Selbstbefähigung". Die Anwendung der Prinzipien in der vorgeschlagenen Reihenfolge (vgl. Ziffern 1 bis 6 in der Übersicht auf der nächsten Doppelseite) ist dabei nicht zwingend, macht aber Sinn, da die einzelnen Prinzipien aufeinander aufbauen.

Sind Auslegeordnung (Analyse) und Führungsdesigns der Unternehmensentwicklung (Gestaltung) festgelegt, werden die Prinzipien zur Umsetzung einer nachhaltigen Kulturveränderung selbst eingesetzt. Täglich. Im operativen Geschäft. Von den Führungskräften vorgelebt. Als Bestandteil jedes Meetings und jedes Workshops. Beim Schaffen einer gemeinsamen Sicht und Sprache. Als Kern jedes Kunden- oder Führungsgesprächs. Als Element jeder Roll-out-Planung von neuen Produkten, neuen Prozessen und neuen IT-Systemen. Dabei sind die Prinzipien selbst oftmals auch zentrale Inhalte der Qualifizierungsoffensiven, egal, welches Schlagwort die strategische Veränderungsinitiative ziert. Es geht schlicht darum, Menschen mit Menschen zu mobilisieren. Die Hebel und Prinzipien helfen dabei.

Die PRO4S Mobilisierungshebel und -prinzipien

6

Das Prinzip Befähigung zur Selbstbefähigung

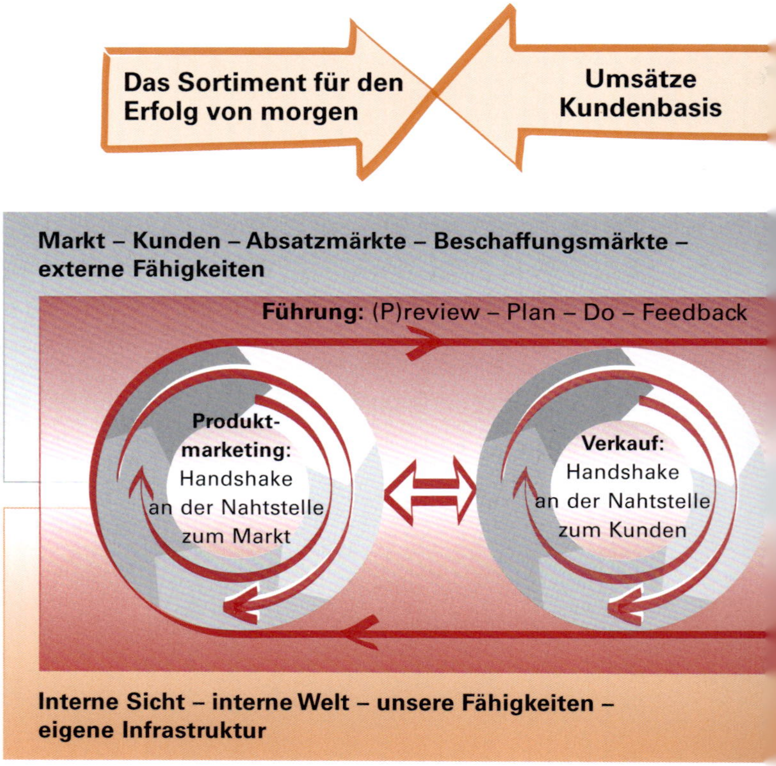

5

Das Macher-vor-Ort-Prinzip

Das Sortiment für den Erfolg von morgen

Umsätze Kundenbasis

Markt – Kunden – Absatzmärkte – Beschaffungsmärkte – externe Fähigkeiten

Führung: (P)review – Plan – Do – Feedback

Produktmarketing: Handshake an der Nahtstelle zum Markt

Verkauf: Handshake an der Nahtstelle zum Kunden

Interne Sicht – interne Welt – unsere Fähigkeiten – eigene Infrastruktur

4

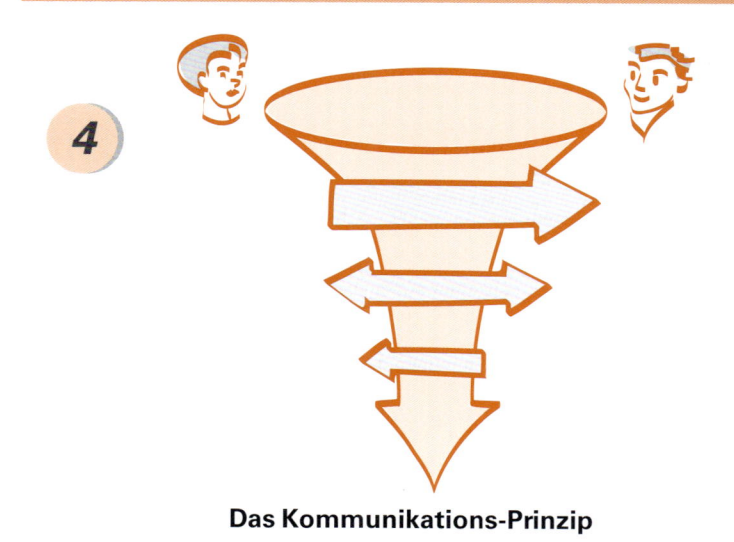

Das Kommunikations-Prinzip

Versprechen einlösen
Gewinne erzielen

Leistungs-
erfüllung:
Handshake
in der Auftrags-
abwicklung

Attraktives
Zukunftsbild

1

Wer → Was → Wie

Das Wer-vor-Was-vor-Wie-Prinzip

2

Das Vernetzungs-Prinzip

3

Das Plattform-Prinzip

Die PRO4S Mobilisierungshebel und -prinzipien

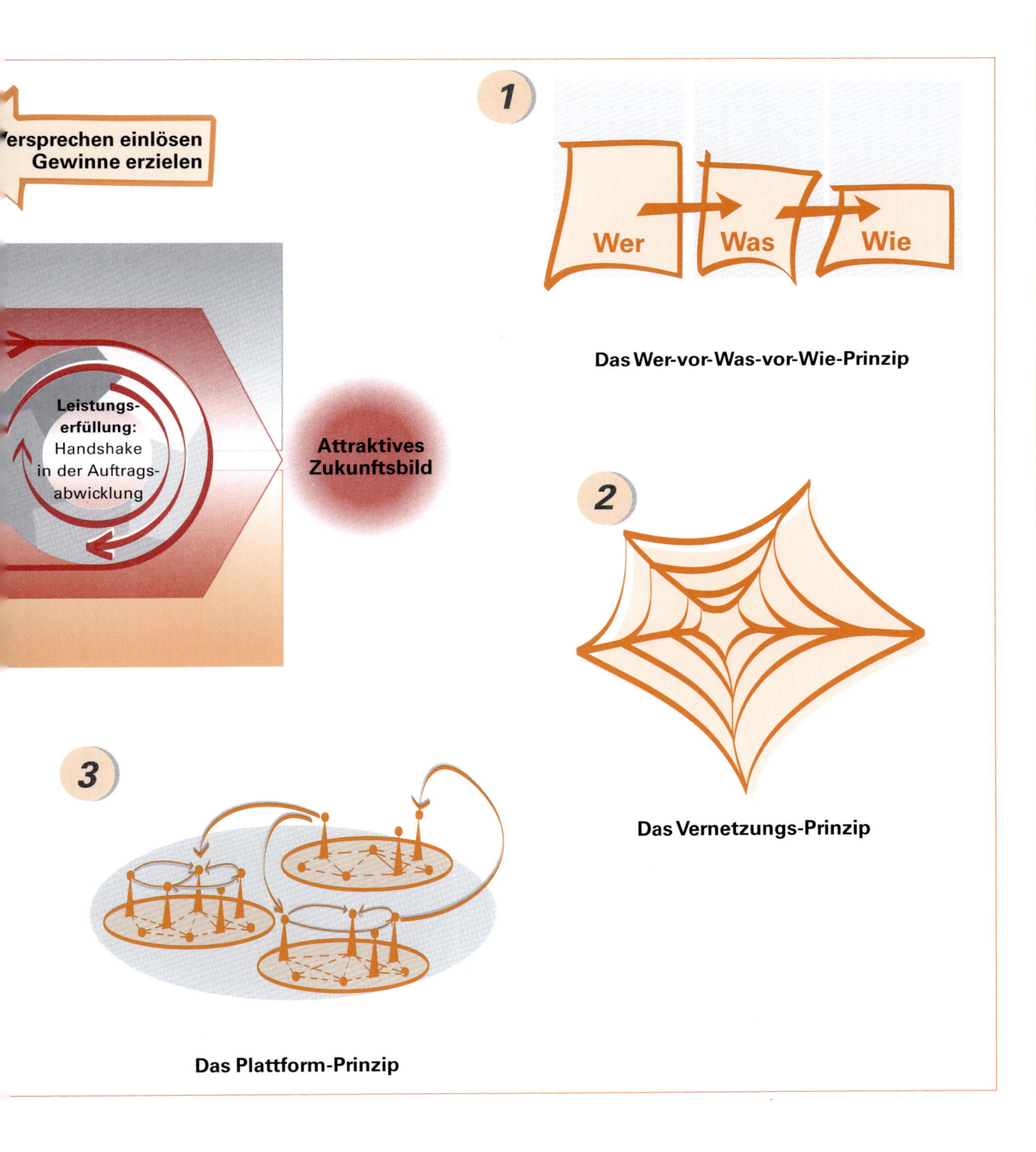

Praxisbeispiele

Praxisbeispiele

"Erfolg ist geben, immer wieder geben; man kann nicht verhindern, dass es immer wieder zurückkommt"

*Gottlieb Duttweiler
(1888 – 1962),
Schweizer Grosskaufmann
(Migros)*

Die Hebel und Prinzipien der Mobilisierung im realen Leben angewandt, die Do's und Dont's der täglichen Mobilisierungsarbeit anhand von Erkenntnissen aus dem Leben unserer Partner, unserer Kunden und aufgrund eigener Erfahrungen zu Papier gebracht: Lassen Sie sich von diesen Beispielen erfolgreicher Mobilisierung inspirieren!

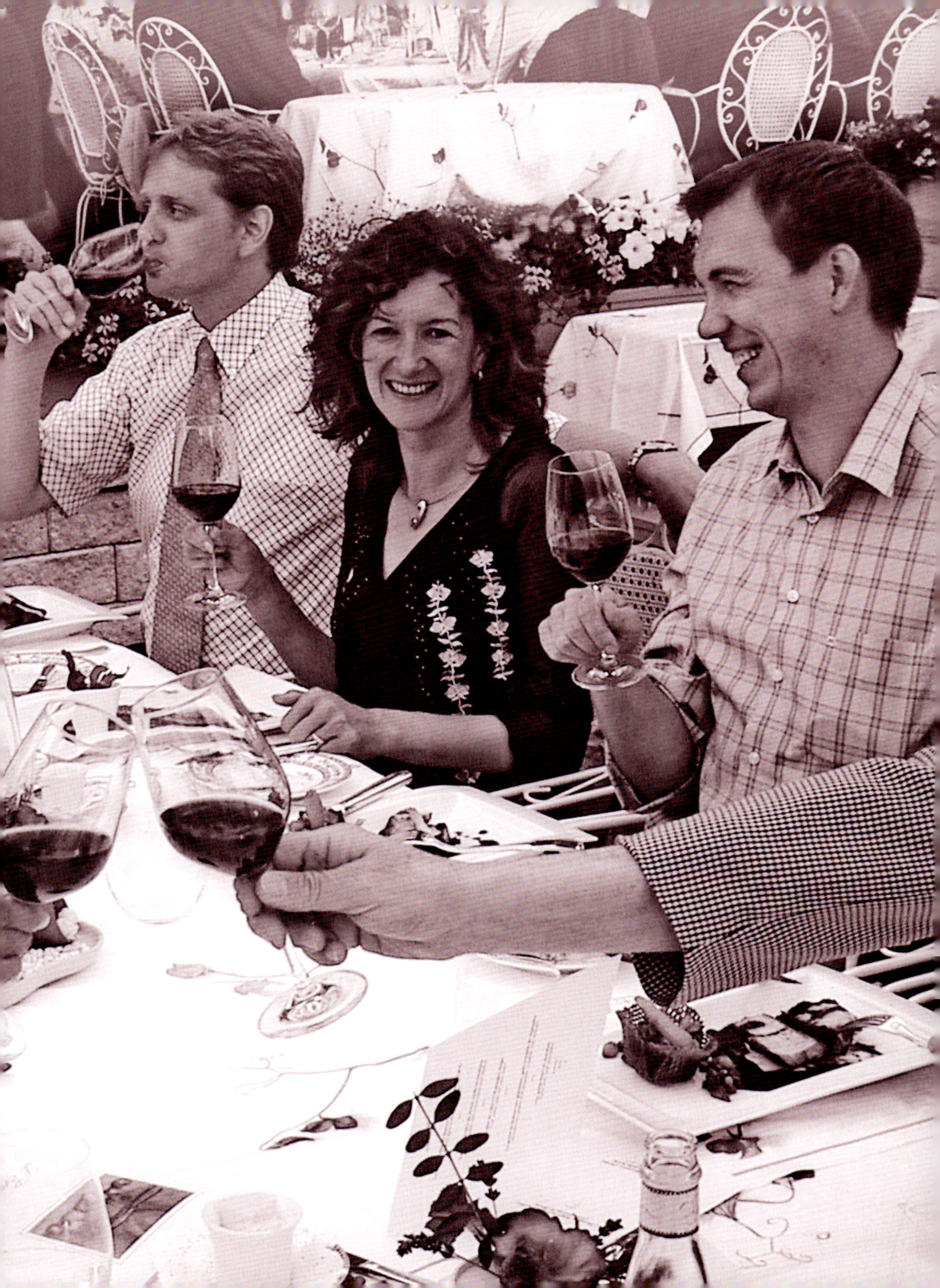

Inhalte der Praxisbeispiele

Ganzheitliche Qualifizierungsoffensive durch die Hebel der Mobilisierung
Die Mobilisierung eines gesamten Unternehmens aus der IT-Branche

Erfolgreiche Mobilisierung von Kundenberatern
Gemeinsam mit der Leitung des Bereichs Private Banking einer mittelgrossen Schweizer Bank realisierte PRO4S ein integriertes Projekt mit Focus Change Management und Blended Learning.

Mobilisierung an der Markt- und Kundenfront – Weltweite Befähigung von Key-Account-Managern
Welche sind die Kernelemente einer weltweiten Befähigung und Mobilisierung von 300 Key-Account-Managern?

Prozessanalyse und -optimierung – Schnell Potenziale realisieren in der PRO4S-Powerweek
Durch die Prozessanalyse und -optimierung in einer Powerweek werden vertieftes Verständnis und umfassende Transparenz der aktuellen Tätigkeiten in den Geschäftsprozessen erarbeitet – eine wesentliche Voraussetzung, um Menschen für Veränderungen zu mobilisieren.

Die mobile Einsatztruppe als Macher vor Ort
Die Arbeitsweise einer mobilen Einsatztruppe im Unternehmen wird nach dem Prinzip Macher vor Ort dargestellt.

Auf einen Blick

Frauen mobilisieren
Mobilisierte Frauen haben ein enormes Potenzial

Manager – Wirklichkeit und Vision (eine fast wahre Geschichte)
Die Geschichte eines Managers, der umdenkt – er will sich und andere mobilisieren.

Agenda – Spiegel des Erfolgs
Entscheidend ist, das zu tun, was man selbst für wichtig hält. Das Resultat wird Erfolg sein.

Der PRO4S-Agenda-Check
Entspricht Ihre Agenda den Mobilisierungsprinzipien?

Für den ersten Eindruck gibt es keine zweite Chance
Mobilisieren Sie durch Ihre Ausstrahlung, Ihre Präsenz, Ihr Auftreten und Ihre Glaubwürdigkeit.

Mobilisieren für den dritten Lebensabschnitt
Ein ganz persönliches Beispiel erfolgreicher Mobilisierung.

Auf die Erfolgsumgebung kommt es an
Gestalten Sie Ihre Erfolgsumgebung zur Mobilisierung Ihrer Ziele.

Wie dieses Buch entstand…
Die Mobilisierungsprinzipien wenden wir auch in unserem privaten Leben an. So wurde dieses Buch geschrieben.

Seite 124	Ganzheitliche Qualifizierungsoffensive
Seite 126	Erfolgreiche Mobilisierung von Kundenberatern
Seite 128	Weltweite Befähigung von Key-Account-Managern
Seite 130	Prozessanalyse und -optimierung
Seite 132	Die mobile Einsatztruppe als Macher vor Ort
Seite 135	Frauen mobilisieren
Seite 137	Manager – Wirklichkeit und Vision
Seite 140	Agenda – Spiegel des Erfolgs
Seite 142	Der PRO4S-Agenda-Check
Seite 144	Für den ersten Eindruck gibt es keine zweite Chance
Seite 147	Mobilisieren für den dritten Lebensabschnitt
Seite 150	Auf die Erfolgsumgebung kommt es an
Seite 153	Wie dieses Buch entstand…

Ganzheitliche Qualifizierungsoffensive durch die Hebel der Mobilisierung

Die Liberalisierung vieler Märkte führt zu grossen Herausforderungen für zahlreiche Unternehmen. Gerade im IT-Bereich wurden Unternehmen ausgegliedert, umstrukturiert und fusioniert. In diesem Beispiel wurde zuerst der IT-Bereich eines Grossunternehmens aus der Telecom-Branche outgesourct und anschliessend mit einem anderen IT-Unternehmen fusioniert. Diese Veränderungen haben die Mitarbeitenden der neu entstandenen Organisation vor gewaltige Herausforderungen gestellt. Nichts war mehr so wie früher. Im Gegensatz zur internen IT-Abteilung mussten sich das Management und die Mitarbeitenden plötzlich in einem aggressiven Markt behaupten. Ein Manager des Unternehmens beschrieb die Situation mit folgenden Worten: „Früher lagen wir genüsslich mit unserem Boot in einem sonnigen Hafenbecken geschützt – heute sind wir mitten auf See in einem gewaltigen Sturm!"

Qualifizierung an der Nahtstelle zum Markt und zu den Kunden

Was hatte sich verändert? Im Gegensatz zu früher müssen sich heute das Management und die Mitarbeitenden am Markt und an den Kunden orientieren. Das Management hat erkannt, dass in einem solch neuen Umfeld ein attraktives Sortiment sowie der Aufbau einer stabilen Kundenbasis für die Zukunftssicherung des Unternehmens fundamental ist. Die neuen Funktionen „Produktmanagement" und „Accountmanagement" mussten schnell etabliert und die entsprechenden Fähigkeiten den Rollen in einer umfassenden Qualifizierungsoffensive nachhaltig vermittelt werden. IT-Spezialisten waren unter Zeitdruck in markt- und kundenorientierte Produktmanager und Verkäufer zu transformieren.

In einer ersten Qualifizierungswelle wurden die Mitarbeitenden an der Nahtstelle zum Markt und zu den Kunden auf intensiven, massgeschneiderten Befähigungs-, Kommunikations-, Führungs- und Veränderungsplattformen für ihre neuen Herausforderungen mobilisiert.

Nach dem erfolgreichen Aufbau eines marktorientierten Produktsortiments und den ersten Gewinn bringenden Verkaufsabschlüssen von strategischen Grossaufträgen stellte sich eine weitere zentrale Herausforderung: Wie können IT-Grossprojekte gemeinsam mit dem Kunden und allen im Unternehmen tätigen Spezialisten erfolgreich, d.h. mit Mehrwert für den Kunden und für das Unternehmen, abgewickelt werden? Um das zu erreichen, mussten sich ALLE Mitarbeitenden im Unternehmen, also sowohl die Verkäufer und Projektleiter als auch die IT-Fach-

Ganzheitliche Qualifizierungsoffensive

spezialisten in der „Fabrik", gemeinsam markt- und kundengerecht verhalten. Um diese Markt- und Kundenorientierung organisatorisch zu institutionalisieren, wurde die Rolle der Engagement Managers geschaffen. Als Speerspitze für mehr Markt- und Kundenorientierung in der Auftragsabwicklung wurden diese Engagement Managers zu hochprofessionellen „Unternehmer im Unternehmen" in einer dritten Qualifizierungswelle energetisiert und mobilisiert.

Qualifizierung für den erfolgreichen Handshake

Das Räderwerk zwischen Produktmarketing, Verkauf und Auftragsabwicklung, also die Hebel der Mobilisierung, funktioniert dann einwandfrei, wenn das organisierte Zusammenspiel, die Spielregeln der Zusammenarbeit der beteiligten Akteure, reibungslos gelingt. In einer dritten Qualifizierungswelle wurden das Management und die Mitarbeitenden in intensiven Prozessschulungen, Prozessreviews und Prozesswerkstätten auf dieses hoch komplexe Zusammenspiel vorbereitet. Um alle Mitarbeitenden an den über 20 Standorten des Unternehmens zu erreichen, wurde diese dritte Qualifizierungswelle mit einer umfassenden E-Learning-Initiative energetisiert. Somit konnten sich die Mitarbeitenden unabhängig von Ort und Zeit selber qualifizieren.

Qualifizierung der Führung

Zur Mobilisierung des gesamten Unternehmens, d.h. der Kunden, der Mitarbeitenden und der Führungskräfte, war es zwingend nötig, dass die Entscheidungsträger an der Nahtstelle zum Kunden ein gemeinsames Verständnis ihrer Rollen, Aufgaben und Kompetenzen schufen.

In einer vierten Qualifizierungswelle wurde zusammen mit der Geschäftsleitung das gesamte Management (!) des Unternehmens auf die neuen Führungs- und Mobilisierungsaufgaben vorbereitet. Mit unterschiedlichen Lern- und Kontaktsettings wurden auf einer gross angelegten Interaktionsplattform gemeinsam mit Kunden, externen Fachexperten und einem hoch qualifizierten Moderatorenteam, dem auch die Geschäftsleitung angehörte, intensiv Führungssituationen im Markt, bei den Kunden und mit den Mitarbeitenden in einem realen Kontext simuliert und reflektiert.

Dieses Beispiel beweist, dass durch die Integration der Führung, der Kunden und der Mitarbeitenden mit den Hebeln der Mobilisierung und der damit verbundenen Rollen ein Unternehmen schnell und nachhaltig in Strategie, Struktur und Kultur umgestaltet werden kann.

Erfolgreiche Mobilisierung von Kundenberatern

Das Private Banking einer mittleren Schweizer Bank erbringt mithilfe von rund 60 Beraterinnen und Beratern in den Bereichen Vermögensverwaltung, Anlageberatung, Finanzplanung und Advisory Desk Dienstleistungen für private und institutionelle Kunden im In- und Ausland.

Aufgrund einer strategischen Initiative stellte die Geschäftsleitung die Beratungs- und die Verkaufskompetenz als wichtigste Vorzüge der Bank in den Mittelpunkt ihrer Tätigkeit.

Gemeinsam mit der Leitung des Bereichs Private Banking realisierte PRO4S ein integriertes Projekt mit Fokus Change-Management und Blended Learning.

Diagnose aus Mobilisierungssicht
Da sich die verschiedenen Banken kaum in den Produkten unterscheiden, variiert das Verbesserungspotenzial aufgrund der (Kommunikations-) Fähigkeiten der Kundenberaterinnen und -berater. Es fehlt an den Fähigkeiten, den Abschluss aktiv zu realisieren. Die Beraterinnen und Berater betreuen eine sehr grosse Zahl von Kunden, was dazu führt, dass dem Einzelnen zu wenig Zeit gewidmet werden kann. Schliesslich sind zu wenig Angestellte für die Kunden und zu viele im Innendienst tätig.

Welche sind die Konsequenzen? Was muss besonders beachtet werden?

Wer vor Was vor Wie
Die maximale Einbindung des Managements in die Entwicklung firmenspezifischer Fallstudien, sei es als Kotrainer oder als Teilnehmer an individuellen Feedbackgesprächen, garantiert ein erfolgreiches Change-Management.

Vernetzen
Die gezielte Zusammenstellung der Trainingsgruppen nach Erfahrung im Beruf, am Arbeitsort, aufgrund des Alters und der Hierarchie ist sehr wichtig.

Mobilisierungsplattform
In den Trainingsgruppen lernen die sonst sehr isoliert tätigen und auf sich selbst gestellten Beraterinnen und Berater von KollegInnen. Dort besteht auch die Gelegenheit, eigene Erfahrungen einzubringen.

Kommunizieren und visualisieren
Intensives Training der Kommunikationsprinzipien anhand firmenspezifischer Fallbeispiele bewirkt grössere Verkaufserfolge durch die Entwicklung von Vorstellungen und Bildern gemeinsam mit den Kunden.

Erfolgreiche Mobilisierung von Kundenberatern

Befähigung zur Selbstbefähigung

Intensivierung des Präsenztrainings durch vorgängiges selbstständiges Erarbeiten der kommunikativen Grundlagen mittels E-Learning-Modulen (Blended Learning) sowie praxisnahe Schulung zur Anwendung und Vertiefung von Sozialkompetenzen führen zu mehr Erfolg in der Beratung und im Verkauf.

Erfolg der Mobilisierung

Die rasche Mobilisierung von 60 Kundenberaterinnen und -beratern im Private Banking sowie ihrer Niederlassungsleiter innerhalb von sechs Monaten war das Ziel. Institutionalisierter Transfer in die Praxis sowie Festigung des Wissens und Könnens erfolgen während nachgeschalteter Intensivtrainings.

Mobilisierung an der Markt- und Kundenfront – Weltweite Befähigung von Key-Account-Managern

Aus mehreren international tätigen Logistikunternehmen entsteht ein Top Ten Player der Weltrangliste: Top Logistics. Die vereinten Fähigkeiten und das weltweit dichte Vertriebsnetz, gepaart mit grosser Finanz- und IT-Kompetenz, eröffnen völlig neue Geschäftsmöglichkeiten. Der Konzern Top Logistics erkennt insbesondere die Bedürfnisse seiner ganz grossen, global tätigen Kunden. Diese fordern für ihre Lager- und Transportlogistik einen ebenfalls weltweit tätigen Logistikpartner. Um diesen anspruchsvollen Markt rasch und erfolgreich zu bedienen, entscheidet sich die Konzernspitze, ihre besten Vertriebsleute in der Rolle als Key-Account-Manager einzusetzen und als Team zu mobilisieren. Entscheidend ist das Ziel des Konzerns, in diesem dynamischen Markt rasch Marktführer zu sein. Weltweit werden rund 300 leistungsfähige und hoch motivierte Frauen und Männer aus allen Ländern, Industriezweigen und Business-Units der Top Logistics für die neue Rolle selektioniert und nominiert. Gemeinsam mit dem Kunden entwirft PRO4S ein integriertes Befähigungskonzept, das in den drei Regionen Europa, Nordamerika und Asien/Pazifik im ersten Schritt initialisiert und im zweiten vom Konzern in eigener Regie weitergeführt wird. Die Zielsetzung des Befähigungs- und Mobilisierungskonzepts besteht darin, den Cross-Country- und Cross-Business-Unit-Verkaufsapproach mit Energie umzusetzen. Von Beginn an wird auf ein Blended-Learning-Konzept gesetzt, in dem Präsenztraining den Kern und E-Learning die Schale bildet.

Weltweite Befähigung von Key-Account-Managern

Welche sind die Kernelemente der weltweiten Befähigung und Mobilisierung von 300 Key- Account-Managern?
- Das massgeschneiderte Befähigungskonzept von und für Top Logistics zwecks klarer Identifikation und raschem Transfer mit Befähigung zur Selbstbefähigung
- Entwicklung von Top-Logistics-Fallstudien vor Ort gemeinsam mit motivierten Vorgesetzten und Spezialisten, die begeistert auf die Trainingsplattformen steigen und diese durch ihre mitreissende und persönliche Art bereichern
- Simultaner Roll-out in Englisch an drei Schwerpunktstandorten für die Regionen Europa, Nordamerika und Asien/Pazifik sorgt für gleichzeitiges und konzentriertes Anschieben
- Grundlagenerarbeitung und Teambildung über E-Learning, Chats und Telefonkonferenzen sparen Zeit und Geld und verbessern den Teambildungsprozess

Was kann man aus dieser Mobilisierungsinitiative lernen? Konzentrieren Sie sich auf die wichtigen Personen in folgender Reihenfolge:

das Top-Management
- das die Prioritäten setzt und die strategische Initiative anstösst
- das den Zugang zum Senior-Management ermöglicht
- das als Projekt-Sponsor mit Bild und motivierendem Slogan im Informations-Flyer an die Key-Account-Manager sein Commitment bekundet und die Trainings durch seine Managementdialoge bereichert: Motivation durch Commitment

die Projektleitung
- welche die verschiedenen Personen kennt und miteinander vernetzt
- welche die Projektbeteiligten gut informiert, motiviert, aufs Ziel ausrichtet und untereinander abstimmt

der Mobilisierungsprovider PRO4S
- der gemeinsam mit dem Auftraggeber und seinen Schlüsselleuten das Mobilisierungskonzept entwickelt und optimiert
- der ihnen hilft, die Mobilisierungsplattformen aufzubauen und zu beleben, sowie ihre eigenen Leute befähigt, die Mobilisierung weiterzuführen
- der sie in die verschiedenen Märkte, Kulturen und Sprachen ihrer Kunden begleitet

das Senior-Management
- das die Standards und Ziele für das Mobilisierungsprogramm setzt
- das den Zugang zu den Fallstudienautoren und Spezialisten freigibt
- das in den Pilotkursen aktiv am Programm teilnimmt und es mit guten Ideen ergänzt

die Key-Account-Manager
- welche die Programme engagiert und motiviert mit Leben füllen
- welche mit ihrem Erfahrungsschatz von Lernenden zu Lehrenden werden
- welche weitere Kollegen für das Programm motivieren

Prozessanalyse und -optimierung
Schnell Potenziale realisieren in der PRO4S-Powerweek

Über Jahre gewachsene Strukturen oder durch Zukauf entstandene Unternehmensteile verursachen in vielen Firmen Abläufe und Rollen, die eine hohe Komplexität aufweisen. Oft ist nicht mehr nachvollziehbar, wozu welche Prozesse nütze sind. Weil diese Arbeitsabläufe aber eingespielt sind und sich viele Mitarbeitende mit ihnen identifizieren, stehen einer Optimierung vielerlei Widerstände entgegen. In diesem Beispiel sieht der Bereichsleiter ein grosses Optimierungspotenzial. Er will es rasch und unter Einbezug aller wichtigen Beteiligten identifizieren und dann möchte er mit konkreten Aktionen erfolgreich sein.

Wo werden die Mobilisierungshebel angesetzt?
Durch die Prozessanalyse und -optimierung in einer Powerweek werden ein fundiertes Verständnis und eine umfassende Transparenz in Bezug auf die aktuellen Geschäftsabläufe erarbeitet. Die Darstellung der dynamischen Alltagswirklichkeit dient dazu, dass bei den Mitarbeitenden eine gemeinsame Vorstellung entsteht, wie die eigene Organisation wirklich „funktioniert". Aufgrund dieser Problemakzeptanz, die von allen Beteiligten „getragen" wird, gedeiht später die Lösungsakzeptanz für verbesserte Geschäftsprozesse. Verbesserungspotenziale werden durch ein vereinfachtes Abbild der routinemässig tatsächlich in der Unternehmung ablaufenden Prozesse darstellbar.

Für diesen Fall wichtige Mobilisierungsprinzipien
Wer?
Der verantwortliche Leiter eines Bereichs/einer Firma muss von der Vorgehensweise überzeugt sein und die involvierten Mitarbeitenden für die

Powerweek aufbieten. An wichtigen Diskussionen müssen er und sein Führungsteam aktiv teilnehmen. Die Aufnahme der Prozesse erfolgt auf der Basis einer präzisen Wochenplanung sowie mittels zielorientierter, vorstrukturierter Dialoge und einfühlsamer Moderation durch PRO4S.

Vernetzen
Durch eine geeignete Auswahl der Hierarchiestufen, des Fachwissens und des Wissens über die Vergangenheit des Unternehmens sowie eine gute Mischung von Älteren mit Erfahrung und Jungen mit guter methodischer Ausbildung wird ein optimaler Erfahrungsaustausch sichergestellt. Betroffene werden zu Beteiligten – als Voraussetzung für die erfolgreiche Umsetzung.

Mobilisierungsplattform
Mittels systematisch aufgebauter Einzel- und Gruppeninterviews gelingt es, das Wissen der wichtigsten Mitspieler zu gewinnen. Die in vielen realen Fällen gewonnene Erfahrung zeigt, dass praktisch alle Mitarbeitenden einen Beitrag zur Verbesserung des Ist-Zustandes leisten wollen.

Kommunikation / Visualisierung
Schnelle und effiziente Visualisierung der Ist-Prozesse im Sinne der 80/20-Regel schafft eine gemeinsame Sichtweise und Akzeptanz. Bildliche und textliche Online-Visualisierung geschieht mittels Tablet-PCs, Mind-Mapping & Beamer. So sind die gemeinsam visualisierten Ergebnisse für alle Beteiligten transparent und verständlich.

Befähigung
Durch die PRO4S-Moderation sowie die gemeinsam erarbeiteten Bilder entsteht ein „Wir-Gefühl". In vielen durchgeführten Powerweeks wurde gleichzeitig ein interner Mitarbeiter als „Prozesseigner" bestimmt und ausgebildet. Dadurch kann sichergestellt werden, dass die Methodik eine anhaltende Wirkung erzielt.

Erfolg der Mobilisierung
- Die konzentrierte Woche, die Arbeit vor Ort und das Involvieren der Schlüsselpersonen garantieren rasche Resultate, gleiche Sichtweisen und transparente Leistungserbringung
- Identifizieren von Optimierungspotenzialen in Bezug auf Qualität, Kosten und Zeit
- Erstellen und Priorisieren des Aktionsplans zur Realisierung der identifizierten Verbesserungsmöglichkeiten
- Vorbereiten von Management-Entscheidungen zur raschen Umsetzung von Verbesserungen
- Weiterverarbeitung des Wissenskonzentrats, z.B. zu Manuals, Web-Based Training, Tools, zudem Umsetzungsaktionen wie Trainings, Kommunikationsaktionen, Controlling-Support

Die Mitarbeitenden befürworten und fördern den von ihnen erarbeiteten Prozess.

Prozessanalyse und -optimierung

Die mobile Einsatztruppe als Macher vor Ort

Dadurch, dass die moderne Welt mit ihrer Informationsgesellschaft und all den neuen Medien zu einem „Dorf" geworden ist, sind uns alle möglichen Szenarien aus der Tagesschau bekannt. Wie oft werden wir konfrontiert mit Geiselnahmen, Flugzeugentführungen, Bombenanschlägen, Personenentführungen und Erpressungen, Amokschützen usw.! All diese dramatischen Ereignisse haben in der Regel eines gemeinsam: Von Seiten der Verbrechensbekämpfung werden jeweils speziell ausgebildete, schnelle Eingreiftruppen eingesetzt. Selbstverständlich brauchen diese hoch qualifizierten Spezialisten nebst ihrem Training auch das entsprechende High-Tech-Material sowie eine den hohen Anforderungen insgesamt angepasste Ausrüstung und Ausbildung, nicht zu vergessen die erforderlichen Mittel, um schnell und punktgenau mobil eingesetzt werden zu können. Dafür kommen gepanzerte militärische oder zivile Fahrzeuge ebenso zum Einsatz wie Helikopter oder Schnellboote.

Welche Szenarien sind denn in den Unternehmen real?
Glücklicherweise sind solche Ereignisse in den Unternehmen nicht alltäglich. Und dennoch bestehen durchaus Parallelen, wenn auch – Gott sei Dank – mit weit weniger dramatischem Hintergrund. Eines der grossen Schlagworte unserer

Die mobile Einsatztruppe als Macher vor Ort

Zeit heisst Change-Management. Das besagt nichts anderes, als dass der Wechsel für die heutigen Unternehmen zur einzigen Konstante geworden ist. Um eben all diese Veränderungen, die einander überdies in immer kürzeren Abständen und mit tiefer greifenden Konsequenzen folgen, in den Griff zu bekommen, braucht es im unternehmerischen Bereich so genannte schnelle Eingreiftruppen. Nennen wir eine davon „Truppe Luchs".

Wo liegt der Hund begraben?
Was in einer kleinen Zwei-Mann-Firma in einem kurzen bilateralen Gespräch geregelt und in die richtigen Bahnen gelenkt werden kann, schaut in einer grösseren Firma mit ausgedehntem Vertriebs- und Filialnetz schon ganz anders aus. Oftmals reichen die getroffenen Change-Management-Massnahmen nicht aus, um auf allen Stufen und in allen Regionen die sich stellenden Herausforderungen schnell und sauber sowie im Sinne einer „unité de doctrine" zu bewältigen.

Vielleicht nicken Sie nun, denn Sie sehen vor ihrem geistigen Auge die Situationen, wo sich innerhalb einer Organisation immer wieder kleine Feuer entzünden oder wo da und dort noch Rauch schwelt, obwohl eigentlich im Sinne der Projektleitung alles erledigt und paletti sein sollte. Als Gründe dafür werden immer wieder eine diffuse Kommunikation und Information genannt, welche Spielräume offen lassen für Spekulationen oder Interpretationen, die eilig den eigenen Bedürfnissen und Vorstellungen angeglichen werden. Ebenfalls wird viel gesündigt in Bezug auf allzu ehrgeizige Umsetzungstermine.

Da wir Menschen grundsätzlich nicht begierig darauf sind, uns permanent zu verändern und uns neuen Herausforderungen zu stellen, kann diese mangelnde Flexibilität in offene Obstruktion münden genauso wie in passiven Widerstand (Dienst nach Vorschrift, innerliche Kündigung). Vielleicht hat man auch – und das ist gar nicht so selten – schlicht vergessen, die neu geforderten Fähigkeiten und Qualifikationen bei den Mitarbeitenden zu entwickeln und zu fördern. Kurz und gut, es werden immer wieder Situationen entstehen, wo schnelles Eingreifen und entschlossenes Handeln erforderlich sein werden, um solche Changes erfolgreich zu meistern.

Wer kann mir helfen, bringt mich weiter?
Haben Sie sich auch schon überlegt, welche loyal Mitarbeitenden mit welchen Kenntnissen und Qualifikationen sowie mit entsprechenden technischen und methodischen Kompetenzen und mit moderner Ausrüstung Ihre ganz eigene „Truppe Luchs" für spezielle Problemfälle bilden könnten? Sehen Sie das Ganze als das Trojanische Pferd mit positiven Vorzeichen. Das heisst nichts anderes, als dass Sie in der Lage wären, Ihren Stosstrupp zur Problemlösung jederzeit und unabhängig vom Ort des Geschehens zum Einsatz zu bringen. Den Trojanern wurde das hölzerne Pferd vor die Stadtmauern gestellt und die Neugier der Bewohner bewirkte den nächsten Schritt, nämlich das Öffnen der Stadttore. Sie können hoffentlich davon ausgehen, dass Sie keine wirklichen Bollwerke zu überwinden haben werden. Mit den Trojanern werden aber ihre Mitarbeitenden eine gewisse Neugier gemeinsam haben

und gespannt verfolgen wollen, was nun als Nächstes geschieht.

Wie finden wir Lösungen, erreichen wir Verbesserungen?
Sie erinnern sich bestimmt noch an das Prinzip Macher vor Ort. So stellen wir uns die Arbeitsweise dieser speziellen Truppe vor. Anders als in der Antike dürfte das Schwergewicht nicht auf der Bewaffnung und der physischen Kampfkraft dieser Leute liegen. Vielmehr stellen wir uns vor, dass eine Gruppe loyaler Mitarbeitender, die über die notwendigen Skills und Einstellungen für den Einsatz vor Ort verfügen und mit dem notwendigen Equipment ausstattet sind, eine Lösung erarbeitet. Diese wird gemeinsam getragen und entspricht auch der Strategie sowie den Zielen des Unternehmens. Dadurch werden Betroffene zu Beteiligten. Der Einsatz erfolgt sofort und am Ort des Geschehens, selbstverständlich auch der Rückzug nach Abschluss der erfolgreichen Mission. Wer wünscht sich schon Besatzer?

Natürlich werden Sie nun kaum mit dem Zimmern eines hölzernen Pferdes beginnen, genauso wenig wie Sie beim VBS eine Offerte für einen gebrauchten Schützenpanzer einholen werden. Aber dennoch: machen Sie sich vielleicht gewisse Überlegungen.

Was könnte als Ausrüstung für eine solche Truppe notwendig sein?
- Informatik: Wireless-LAN, portable PCs oder Tablets, Drucker
- Präsentationstechnik: Video, digitale Fotokamera, Beamer
- Fachliteratur: betriebsinterne Guidelines wie externe Fachbücher
- Hilfsmaterial: Präsentationskoffer, Leinwand, Pinwände, Flip-Charts usw.
- Transportmittel: evtl. Firmenfahrzeug (Kombi oder Van)

Ob dann das Endprodukt Luchs oder Holzpferd oder wie auch immer heisst, ist völlig nebensächlich. Wichtig ist lediglich, dass Sie sich einige Gedanken gemacht haben und diese, sofern opportun, auch umsetzen. Bestimmt wird Ihnen der Erfolg Recht geben.

Frauen mobilisieren

Die Hebel und die Prinzipien der Mobilisierung könnten noch effektiver angewandt werden, wenn man berücksichtigt, dass sowohl in den Unternehmen wie auch in den Märkten und bei den Kunden sehr unterschiedliche Menschen anzutreffen sind. Um ein Unternehmen zu sorgfältigerer Kundenorientierung zu bewegen, genügt es nicht, sich nur beim – meist von Männern dominierten – Management zu beschweren oder zu beklagen. Frauen und Männer, Jung und Alt sollen gleichzeitig mobilisiert und ihre unterschiedlichen Bedürfnisse berücksichtigt werden. Denn es geht nicht um „entweder – oder" und „richtig – falsch", sondern um das Motto: Integrieren statt separieren. Insbesondere Frauen verfügen über ein enormes Potenzial wegen ihrer verschiedenen Rollen als Kundinnen, Mitarbeiterinnen und Lebenspartnerinnen.

Frauen als Kundinnen

Frauen stellen heute in vielen Märkten eine wichtige Zielgruppe dar. Durch ihre auch finanzielle Eigenständigkeit sowie die modernen Kommunikations- und Informationsmittel stehen ihnen alle Informationen zur Verfügung, und sie werden auch genutzt. Kunden- und marktorientiertes Handeln hat heute die Frauen besonders sachkundig zu berücksichtigen. In den Unternehmen bestehen allerdings noch zusätzliche Mobilisierungspotenziale. So werden finanzielle Entscheide heute insbesondere von selbstständigen Unternehmern nicht mehr allein, sondern partnerschaftlich getroffen. Zukunftsorientierte Banken haben dies erkannt und bieten Frauen Plattformen zum Aufbau von Netzwerken und Möglichkeiten zur Weiterbildung an. Was bedeutet das? Wichtige Entscheidungen werden heute sehr häufig von Frau und Mann gemeinsam getroffen. Für eine erfolgreiche Mobilisierung dieser Klientele müssen deshalb auch beide wie ein Buying Center bearbeitet werden, also ist in wichtigen Kundenkontaktsituationen, z.B. für Events, Messen, aber auch Verkaufsgespräche, sowohl Mann wie auch Frau zu adressieren und wahrzunehmen.

Wie sieht es in Ihrem Unternehmen aus? Sind Frauen an Kaufentscheiden beteiligt? Wie gross ist der Stellenwert der Frauen als Zielgruppe? Ist Ihre Marketingkommunikation tendenziell auf Männer ausgerichtet oder werden Frauen gleichberechtigt angesprochen? Finden sich in Ihrem Jahreskalender ausreichend Veranstaltungen, wo Frauen sich wohl fühlen, weshalb sie auch gerne kommen? Sind im Verkauf auch Frauen tätig? Werden Ihre Kundinnen persönlich adressiert? Gibt es auch für Kundinnen ansprechende Kontaktplattformen? Ist der Stil, den Sie im Umgang mit Frauen pflegen, feinfühlig genug?

Frauen auf den Mobilisierungsplattformen

Wir haben sehr positive Erfahrungen mit gemischten Teams gemacht. Gemischt heisst bei uns: Jüngere und Ältere, Männer und Frauen. Frauen bringen beispielsweise zusätzliche Sichtweisen ein. Es gibt viele Themen, mit denen Frauen eine verkaufsfördernde Wirkung erzielen.

Bei einem Mobilisierungsprojekt im Bereich öffentliche soziale Verwaltung ging es darum, 120 Mitarbeiterinnen und Mitarbeiter aller Hierarchiestufen – vom Direktor bis zum Hausmeister – zu besserer Kundenorientierung zu bewegen. Das Projekt fand in einem emotional sehr herausfordernden Zusammenhang statt: Häufig mussten den Kunden auch negative Verwaltungsentscheide kommuniziert und erklärt werden, was die öffentliche Wahrnehmung der Verwaltung oft negativ prägte. In diesem Umfeld war es ein wesentlicher Erfolgsfaktor, den emotionalen Anforderungen der Mitarbeitenden in besonderem Masse gerecht zu werden. Durch den Einsatz von drei gemischten Trainerteams, d.h. jeweils einer Frau und einem Mann, konnten diese Anforderungen besonders gut erfüllt werden. Die unterschiedlichen Perspektiven stellten in den Reflexionsphasen der Rollenspiele für alle eine wertvolle Bereicherung dar, weil insbesondere die emotionalen Empfindungen vor allem von den Trainerinnen aufgenommen und widergespiegelt wurden.

Das ist nur ein kleines Beispiel, warum wir grossen Wert darauf legen, die heutige Realität von Männern und Frauen sowie von Jung und Alt auch in den Projekten wiederzugeben. Die Ebenen der Kommunikation, der Strukturen und nicht zuletzt der Blockaden werden dadurch erheblich sensibler wahrgenommen und können ohne Vorurteile betrachtet werden. Das Team ist in der Lage, gegenseitig Verständnis im Sinne des Kommunikationsprinzips zu wecken und die richtigen Fragen, die zum Erfolg eines Projektes führen, zu stellen.

Die Frau als Lebenspartnerin

Wie wird die Frau wahrgenommen, die ihren Arbeitsplatz für ihren Mann und ihre Familie aufgegeben hat? Viele Frauen sind durch ihre Ausbildung und Lebenserfahrung hoch qualifiziert und zumeist auch motiviert, ihr Umfeld und ihren Wirkungskreis mitzugestalten, Verantwortung zu übernehmen und Entscheidungen zu treffen. Diese Frauen stehen ihren Ehemännern als Coaches oder Sparringpartner zur Seite.

Unsere Erfahrung zeigt, dass durch die bewusste Integration dieser Frauen

- das gegenseitige Verständnis vertieft wird
- die Arbeit und der Erfolg sich auch innerhalb einer Beziehung teilen lassen
- das Vernetzen als wichtiges Mobilisierungsprinzip noch besser gelingt, da sich mehr Anknüpfungspunkte finden lassen
- Mann und Frau mehr Zeit miteinander verbringen, weil sie Freizeit und unternehmerische Tätigkeit verbinden

Manager – Wirklichkeit und Vision (eine fast wahre Geschichte)

Hallo und guten Tag! Gestatten Sie, dass ich mich vorstelle: Mein Name ist Adam Reisser, ich bin 43 Jahre alt, (noch) verheiratet und habe zwei allerliebste Kinder im Alter von 4 und 6 Jahren. Beruflich bin ich als CEO der Firma Alpha tätig. Doch, eigentlich darf ich mich schon sehen lassen: Zweireiher von Armani, Fitness-gestählt und Solarium-gebräunt, mani- und pediküṙt, versorgt mit meiner täglichen Ration Multivitamin-Kombi-Präparate. Alkohol mässig, Zigaretten übermässig, Arbeit unmässig. Ein Blick auf die Uhr: Leider macht auch ein Chronometer von Rolex den Tag nicht länger als 24 Stunden. Die Zeit, die Zeit!

Nach dem Studium habe ich die Ellbogen ausgefahren, um meine Ziele zu erreichen. Nun, es hat sich gelohnt. Seit drei Jahren bin ich der CEO der Firma Alpha und es ist ganz wesentlich mein Verdienst, dass es uns gelungen ist, in den USA die Firmen Beta und Gamma zu erwerben und insgesamt zu einem schlagkräftigen und erfolgreichen Unternehmen zu fusionieren. Und eben dorthin, nach San Francisco, mache ich mich gerade auf den Weg. Anlässlich eines Meetings werde ich den Abbau von 500 Stellen bei Beta und Gamma verkünden und begründen müssen. Anschliessend Pressekonferenz. Freu dich, Herz!

Während des Flugs studiere ich die Akten und die Disposition für den Event von morgen. Ich versuche mich zu konzentrieren, während nebenan ein fettleibiger Tourist mit unüberhörbaren Moët-Chandon-Bäuerchen doch eher stört. Mein Gott, was heute alles Business-Class fliegt! Was nach der Ankunft folgt, ist die übliche Routine: Ich werde vom Chauffeur erwartet, Transfer zum Hotel, Einchecken, Zimmerbezug. Durch den Flug habe ich zwar acht Stunden gewonnen, dafür aber einen entsprechend langen Tag. Einige Telefongespräche nach Europa erledigen, Kontrollrückruf ans Sekretariat, alles o.k. Bin durch die Zeitumstellung etwas überdreht und kann nicht schlafen. Schlaftablette, kleiner Whiskey und tschüss! Wird schon gut gehen morgen.

Erwartungsgemäss löst meine Präsentation keine Begeisterung aus. Hinzu kommt noch eine Panne mit der Projektion. Ich spüre den Schweiss an meinem Rücken hinunterrinnen. In der ersten Reihe fletschen die gröbsten Kritiker bereits die Zähne und bereiten sich mit Notizen auf die Pressekonferenz vor. Dennoch: Mundwinkel hoch, strahlen und Optimismus verbreiten. Schliesslich wird mein Konterfei zigfach vergrössert auf die Leinwand projiziert, so gross, dass man jede Pore sieht. Rasur nicht optimal, ein Gesichts-Peeling wär nicht schlecht gewesen.

Sie sehen, meine Damen, auch Männer haben so ihre Sorgen.

Zustimmung nur bei den Shareholdern, sonst halbherziges, nicht mal freundliches Applaudieren. Pressekonferenz mit den bohrenden, stets gleichen Fragen. „Keep smiling", möglichst positiv rüberkommen auf den Bildern der Pressefotografen. Das Gröbste ist überstanden. Blick auf die Uhr. Umziehen zum Dinner mit den früheren Besitzern von Beta und Gamma sowie der Geschäftsleitung. Natürlich nicht nur Smalltalk, sondern auch einige Giftpfeile der Firmengründer, die ihr Lebenswerk bedroht sehen. Dessert, Espresso, Verabschiedung und ab zum Flughafen. Der Fahrer liefert mich pünktlich zum Check-in für den Rückflug ab. Ich hab noch etwas Zeit und begeb mich zur VIP-Lounge.

Durchsage: „Der Flug 4385 nach Deutschland hat drei Stunden Verspätung." Na bravo! Das wirft mir das Programm des nächsten Tages wieder voll über den Haufen. Warten. Ich sitze da und kämpfe mit einem sauren Aufstossen vom Dinner. Gleichzeitig merke ich, dass der Ärger über die Verspätung wahrscheinlich wieder meinem Puls und dem Blutdruck einen ordentlichen Kick gegeben hat. Die kleine am Haaransatz sichtbare Stelle von Psoriasis leuchtet schön rot wie immer, wenn der Stress überhand nimmt. Den Griff zur nächsten Zigarette verkneife ich mir.

Ich lehne mich zurück und versuche mich zu entspannen. Augen zu und ruhig durchatmen. Seit langer Zeit zum ersten Mal ist da der Gedanke auszubrechen. Den Flug ganz einfach nicht zu nehmen, mal für ein paar Tage abzutauchen. Mein Gott, das wärs doch! Oder vielleicht endlich auch mal selber tun, was ich in unzähligen Meetings gepredigt habe. In der Agenda wirklich Sperrblöcke einführen für Familie und Freunde, Freiräume für einen Rückzug auf mich selbst.

Manager – Wirklichkeit und Vision

Vernünftig delegieren und die Mitarbeitenden fordern, aber auch fördern. Angstfrei mit beobachten können, wie andere Menschen ihren Weg machen, vorankommen und sich weiterentwickeln. Vielleicht mal eine Plattform finden, um meine gesamten Erfahrungen aus der Zeit der Ausbildung, der bisherigen Karriere, aber auch der persönlichen und familiären Situation schriftlich festzuhalten. Oder mal ein Sachbuch schreiben und publizieren. Ein Klimawechsel wäre ganz schön. Unter dem Motto: Mein Haus ist dein Haus! Den Urlaub nicht wie üblich am Starnberger See verbringen, sondern in einem kleinen Landhaus in der Toskana, das Freunden gehört. Wie gerne würde ich mich in einem Zirkel von gleich Gesinnten auch mal weiterbilden, aber als einfaches Teammitglied und nicht als der CEO, der immer und überall den Lead haben muss. So als Idee: die Strategie-Umsetzung mit der GL und den Lebenspartnern gemeinsam auf einer Mittelmeer-Kreuzfahrt durchziehen. Der Spagat zwischen Sachzielerreichung und bereichernden menschlichen Beziehungen liesse sich doch bestimmt hinkriegen. Ich weiss, meine Frau hätte ich schon viel früher mit einbeziehen müssen. Sie fühlt sich heute so vernachlässigt und ist so oft allein mit den Kindern, dass sie mir via Anwalt ausrichten liess, dieses Leben könne sie auch als allein erziehende Mutter führen. Wir haben nicht einmal mehr gross miteinander darüber gestritten. Wir, die wir früher ganze Nächte durchdiskutierten, als wir gemeinsam an der Uni studierten.

Manchmal, vor allem in solchen Momenten wie gerade jetzt, fühle ich mich viel älter als 43 Jahre.

Unweigerlich beginnen die Gedanken zu kreisen um die nahe und die weitere Zukunft. Was wird sein mit der Gesundheit, meiner Ehe, meinem sozialen Netz? Werde ich in ein tiefes Loch fallen, wenn meine Person irgend einmal nicht mehr automatisch mit meiner Funktion in Verbindung gebracht wird? Ergeben sich vielleicht Netzwerke, wo die Erfahrungen und Tipps von Seniors gefragt und geschätzt sind, sei das als Moderator, als Wissensvermittler, als Publizist oder als Partner und Berater von Jungunternehmern? Werde ich irgendwann mein Leben völlig umstellen und zum Beispiel wie ein Zugvogel interessanten Einzelprojekten und der Sonne nachreisen?

Die Lautsprecher-Stimme: Problem gelöst, sofort einchecken! War ich denn eben kurz eingenickt oder einfach nur ganz tief in meine Gedanken versunken gewesen? Ist ja eh egal. Auf gehts zu meinem Gate! Und ich nehme mir wirklich vor, meine positiven Gedanken von vorhin auch in die Tat umzusetzen. Wenigstens einige. Wenn dafür nicht wieder der fettleibige Tourist mit den Moët-Chandon-Bäuerchen neben mir sitzt. Versprochen. Ehrlich.

Agenda – Spiegel des Erfolgs

Was ist das Wichtigste für Sie? Mit wem verbringen Sie Ihre Zeit? An welchen Orten, Anlässen und Gelegenheiten trifft man Sie und welche Aktionen stossen Sie dort an? Haben Sie Gelegenheiten zur Entwicklung von Beziehungen eingeplant? Finden Sie Termine oder finden die Termine Sie? Welche Qualität haben Ihre Stunden? Wie viel Zeit widmen Sie Ihrem Partner oder Ihrer Partnerin, Ihren Kindern, Ihrem Job, Ihren Hobbys und Ihren Freunden? Bleibt Ihnen überhaupt noch Zeit für Sie selbst? Oder ist Ihr Tag mit Terminen voll gestopft, Sie wissen aber trotzdem nicht, wie Sie die alle schaffen sollen? Kein Wunder, sind Frustration und Schuldgefühle die ständigen Begleiter vieler Führungskräfte.

Doch es geht auch anders! Hören Sie auf, den gesamten Tagesablauf kontrollieren zu wollen. Nicht nur Schnelligkeit und Effizienz machen ein erfülltes Leben aus. Entscheidend ist, das zu tun, was man selbst für wichtig hält. Das Resultat wird Erfolg sein!

Thomas Meiers Arbeitstag beginnt um punkt 7 Uhr. Die letzte Besprechung mit einer Projektgruppe startet um 19 Uhr und dauert open end. Einzig am Samstag kehrt Thomas schon um 12 Uhr nach Hause zurück, nachdem er seine Agenda aufdatiert hat. Er ist verheiratet und Vater von zwei Kindern. Thomas' Bereich ist seit Jahren finanziell erfolgreich.

Beim Blick in seine voll gepackte Agenda stellt sich die Frage nach den Schwergewichten und der Ausgewogenheit in seinem Leben. Ist dieser Rhythmus geeignet, nachhaltig allen Anspruchsgruppen Zufriedenheit, Glück und Erfolg zu bringen?

Peter Harzenmoser hat innert zehn Jahren aus dem Nichts ein florierendes Kleinunternehmen geschaffen. Seine Frau wirkt aktiv im Unternehmen mit. Die beiden teilen auch die Vorliebe für sportliche Aktivitäten. Peter: „Ohne meine Frau wären wir nie da, wo wir jetzt sind!"

Beim Blick in seine Agenda fällt auf, dass er seine Termine mit unterschiedlichen Farben kennzeichnet. Er erklärt deren Bedeutung: „Das sind unterschiedliche Plattformen, auf denen ich einerseits mich selbst und mein Unternehmen weiterentwickle, anderseits Beziehungen zu Kunden und anderen wichtigen Personen pflege."

Agenda –
Spiegel des Erfolgs

Der PRO4S-Agenda-Check

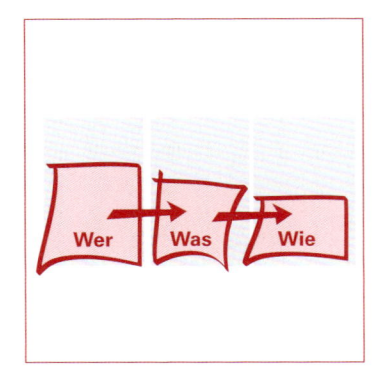

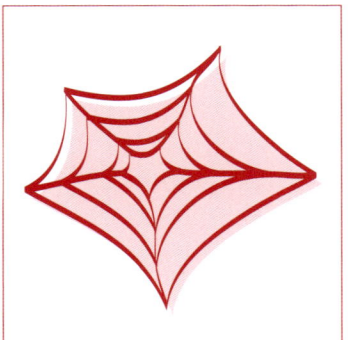

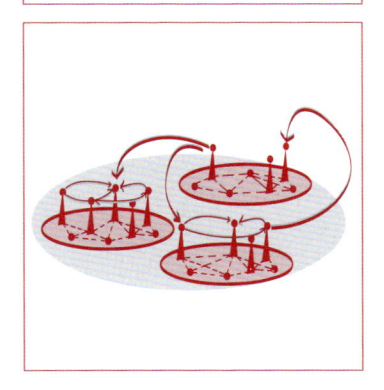

Entspricht Ihre Agenda den Mobilisierungsprinzipien?

Testen Sie Ihre Agenda! Analysieren Sie die letzten zwei Monate anhand der folgenden Fragen:

Wer vor Was vor Wie

Wer: Mit wem verbringen Sie Ihre Zeit? Mobilisierte Menschen sind häufig bei den Kunden oder bei wichtigen Entscheidungsträgern. Sie suchen den Erfolg, indem Sie mit den richtigen Leuten zusammen sind.

Was: Für welche Themen setzen Sie Ihre Zeit ein? Verbringen Sie viel Zeit an internen Meetings oder mit administrativen Tätigkeiten? Gute Termine schaffen einen Mehrwert für unsere Kunden. Fragen Sie sich: Ist der Kunde bereit, dafür zu bezahlen, weil er vom Resultat einen echten Nutzen hat?

Wie: Das Wort „Sitzung" drückt etwas Passives aus. „Sitzen" ist sogar noch passiver als „stehen". Es passt nicht in das Bild und Verhalten mobilisierter Mitarbeitender! Vergleichen Sie den Anteil solcher Meetings mit dem wirklich produktiver Workshops bzw. zielorientierter Dialoge, die zu einem richtigen Ergebnis führen.

Vernetzen

Mit wem treffen Sie sich? Haben Sie immer wieder Termine mit den gleichen Menschen? An wie vielen Terminen kennen Sie schon alle Teilnehmenden? Sind diese Menschen miteinander vernetzt? Wissen entsteht, wenn Sie Menschen mit unterschiedlichsten Perspektiven und Interessen zusammenbringen. Haben Sie Termine zur aktiven Beziehungspflege? Wenn Sie Leute vernetzen möchten, dürfen Sie den sozialen Aspekt auf keinen Fall unterschätzen. Wie hoch ist der Anteil offizieller Meetings gegenüber dem informeller und persönlicher Treffen? Planen Sie ganz bewusst Gelegenheiten, bei denen Bindungen entstehen können, die auch ausserhalb offizieller Anlässe tragfähig sind!

Ein Kollege, der gerade sein Studium beendet hatte, meinte einmal: „Ich möchte am Ende des Jahres 300 neue Kontakte haben! Ich werde deshalb viel Zeit für den Netzwerkaufbau verwenden!" Am Ende des Jahres hatte er nicht nur sehr viele interessante Menschen kennen gelernt, sondern er befand sich auch im Mittelpunkt zahlreicher erfolgreicher Projekte.

Mobilisierungsplattformen

Für welche Plattformen setzen Sie Zeit ein? Mobilisierte Führungskräfte nützen die richtigen

Plattformen nicht nur zur Klärung von Sachfragen, sondern auch zur aktiven Pflege ihrer Beziehungen. Sie nehmen aber nicht nur an solchen Plattformen teil, sondern agieren dort auch aktiv und mit viel Engagement.

Überlegen Sie sich, an wie vielen Plattformen Sie teilnehmen und was dort Ihre Rolle ist. Wenn Sie dort aber niemand kennt, obwohl Sie schon mehrmals anwesend gewesen sind, müssen Sie entweder eine attraktivere Rolle spielen oder, besser, die Plattform verlassen!

Kommunizieren – visualisieren
Nützen Sie Ihre Termine hauptsächlich, um Wissen auszutauschen oder um aktiv neue Inhalte zu entwickeln? Haben Sie an den Meetings genügend Zeit, die Erwartungen aller Beteiligten zu erfassen und ihre Motive, Werte und Bedürfnisse zu bündeln? Häufig besteht ein Meeting aus einer Aneinanderreihung von Präsentationen bzw. Informationen, ohne dass die Inhalte, vor allem aber deren Zusammenhänge visualisiert und strukturiert werden. Dadurch entstehen bei den Teilnehmenden oft unterschiedliche Bilder bzw. Vorstellungen. Allen Beteiligten ist alles klar – nur leider werden die Ergebnisse völlig unterschiedlich interpretiert.

Macher vor Ort
Planen Sie viel Zeit für die Vor- und die Nachbereitung von Meetings ein oder sind Sie in der Lage, direkt während des Meetings Ergebnisse zu entwickeln und sie sofort umzusetzen, anstatt viele Details zu protokollieren? Analysieren Sie Ihre Agenda und überprüfen Sie, wie hoch der Anteil an Sitzungen gegenüber dem an Workshops gewesen ist. Wie hoch ist der Anteil des passiven Informationsaustauschs gegenüber dem aktiver Teilnahme? Wie oft wurden die Ergebnisse vor Ort visualisiert und ist dadurch für alle Beteiligten ein klarer Mehrwert geschaffen worden?

Macher vor Ort führen prinzipiell nur einen kleinen Anteil reiner Sitzungen durch und neigen dazu, aus einer Sitzung schnell einen Workshop zu machen.

Befähigung zur Selbstbefähigung
Markieren Sie in Ihrer Agenda alle Termine während der letzten beiden Monate, die mit Qualifizierung zu tun gehabt haben! Wie viel Zeit investieren Sie in die eigene Ausbildung sowie in die Ihrer Mitarbeitenden? Wir alle kennen das Problem: Anstatt jemandem zu zeigen, wie es geht, macht man es schneller und besser gerade selbst! Und beim nächsten Mal?

So füllen Sie Ihre Agenda bzw. setzen sich viele Führungskräfte selbst unter Zeitdruck! Qualifizierung der Menschen ist nicht Zeitverschwendung, sondern bringt Zeitgewinn! Je besser Sie andere qualifizieren, desto mehr Zeit verbleibt Ihnen für Ihre wichtigen Aktivitäten.

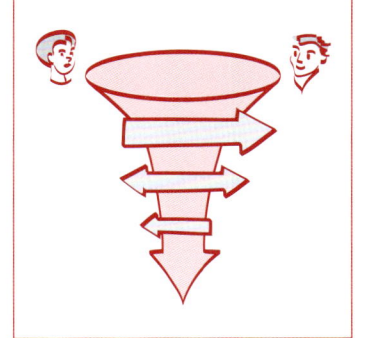

Der PRO4S-Agenda-Check

Für den ersten Eindruck gibt es keine zweite Chance

Nützen Sie die Chancen eines ersten Kontakts und spielen Sie die richtige Rolle. Erste Eindrücke sind Momentaufnahmen, die wir entsprechend interpretieren. Solche Eindrücke ganz selbstverständlich und natürlich zu arrangieren und wie einen schönen Blumenstrauss zu präsentieren, erfordert Stil und eine gekonnte Inszenierung. Es braucht die Fähigkeit, viele ganz unterschiedliche Elemente unter einen Hut zu bringen. Ausstrahlung ist nicht etwas, was man hat oder eben nicht. Ausstrahlung kann man sich in kleinen Schritten erarbeiten und aneignen. Ausstrahlung und Wirkung lassen sich in unterschiedliche Elemente aufschlüsseln wie Körpersprache, Mimik und Gestik, Wortwahl, Stil & Style, Erziehung und Erfahrung, Sozial- und Medienkompetenz, Alter und Geschlecht, persönliche Befindlichkeit und soziale Stellung etc. Die eigentliche Kunst besteht darin, diese verschiedenen Elemente so miteinander zu verbinden und zu kombinieren, dass echte und überzeugende Eindrücke entstehen und wir als Individuum oder Typ vom Publikum oder von unserem Gegenüber wahrgenommen werden.

Seien Sie dabei

Image ist ein Kommunikationsprozess. Nehmen Sie ihre gesellschaftlichen Verpflichtungen wahr, führen Sie Kundengespräche, melden Sie sich bei Besprechungen zu Wort oder nehmen Sie gar an Podiumsgesprächen teil. Vermeiden Sie unbedingt abweisende Botschaften im Sinn von: „Kommt mir nicht zu nahe!"

Seien Sie sichtbar

Nur wer sich sehen lässt, erwirbt Ansehen. Und nur wer sich zu Wort meldet, hat etwas zu melden. Dabei sein ist zwar nicht alles, aber eben doch sehr viel. Denn wie sonst können Sie Ihre Vorstellungen einbringen, Ihr Know-how unter Beweis stellen und sich für weiterführende Aufgaben empfehlen?

Seien Sie präsent

Setzen Sie sich in die erste Reihe und machen Sie aktiv mit. Die rein physische Anwesenheit allein ist nicht genug. Wenn wir der Beschwerde eines Kunden nur mit halbem Ohr folgen, in der Teambesprechung vor der Sommerpause mit den Gedanken schon in der Toskana sind oder uns beim Messeempfang primär auf das kalte Buffet konzentrieren, hätten wir im Grunde gleich zuhause bleiben können. Unser Blick richtet sich nämlich in solchen Momenten ins Leere, wir schalten ab, die Spannung unseres Körpers lässt nach. Unser Gegenüber spürt, dass wir uns innerlich verabschiedet haben. Wir wirken gleichgültig und unhöflich. Beides ist Gift für unser Image.

Für den ersten Eindruck gibt es keine zweite Chance

Wirken Sie glaubwürdig

Um glaubwürdig zu sein, reicht es nicht immer, einfach ehrlich zu sein. Ehrlichkeit und Glaubwürdigkeit sind nicht unbedingt Synonyme: Glaubwürdigkeit bedeutet, sich so darzustellen, dass das Publikum die Selbstdarstellung als plausibel akzeptiert. Glaubwürdig ist der, von dem die anderen glauben, dass er nicht lügt!

Spielen Sie die richtige Rolle

Jeder von uns spielt im Leben viele verschiedene Rollen. Je nachdem, wo wir uns bewegen und in welchem Kontext wir agieren, ist ein entsprechend anderes Verhalten angesagt. Geschickte Personen vollziehen diese Anpassung ganz automatisch. Menschen mit einem hohen „Echtheits"-Anspruch fällt es dagegen schwer, die Diskrepanz zwischen dem privaten Denken und Fühlen sowie den Anforderungen öffentlicher Rollen auszuhalten. Deshalb ignorieren sie oft die Erwartungen des Publikums – und wirken auf ihr Gegenüber, als würden sie im falschen Film auftreten. Schlimmer noch: Sie veranlassen den Gesprächspartner, Schlüsse zu ziehen, die weder den Tatsachen noch ihrer Kommunikationsabsicht entsprechen.

Machen Sie nie den Eindruck, Eindruck machen zu wollen

Für das Image gilt das Gleiche wie für die Produktwerbung: Dezente Publicrelations bringen mehr als marktschreierische Reklame. Deshalb wirken Sie dann am besten, wenn niemand auf die Idee kommt, dass Ihr Verhalten durchaus auch auf Wirkung bedacht ist.

Räumen Sie Schwächen ein

Kluge Personen vermeiden es, sich immer und ausschliesslich als grandioses Exemplar zu präsentieren. Das Eingestehen kleiner Schwächen und Eigenheiten wirkt nicht nur offen und angenehm selbstironisch. Es stellt auch sicher, dass die Gesprächspartner die angebotene Selbstdarstellung akzeptieren.

Bleiben Sie im Einklang mit sich selbst

Ein unvorteilhafter Eindruck entsteht vor allem dann, wenn die Selbstdarstellung nicht authentisch ist, das heisst, wenn wir unsere Gefühle nicht offen ausdrücken. Darüber hinaus können Müdigkeit und Unsicherheit dazu führen, dass wir unser nonverbales Verhalten nicht recht im Griff haben und unerwünschte Signale aussenden.

Setzen Sie Signale

Menschen, die es mit Ihnen zu tun bekommen, möchten sich orientieren können: Sie wollen wissen, in welchem Verhältnis sie zu Ihnen stehen, wie Sie sich selbst sehen und wie Sie behandelt werden möchten. Zum Beispiel: Wollen Sie per Du oder Sie angesprochen werden, ist Ihnen Ihr akademischer Titel wichtig oder eher nicht? etc. Bei den meisten Begegnungen werden wir deshalb danach eingeschätzt, wie wir stehen und gehen, wie wir uns ausdrücken und wie gut wir mitreden können, welchen Wert wir auf unser Äusseres legen und wie gepflegt unsere Schuhe sind. Tatsächlich sind gepflegte Schuhe das A und O des Erscheinungsbildes. Auch werden wir danach eingeschätzt, welche Zeitung wir uns unter den Arm geklemmt haben, mit welchem Verkehrsmittel wir uns bewegen, wie organisiert unser Büro wirkt, ob wir Überstunden machen oder nicht, ob unser Lächeln warmherzig wirkt oder gezwungen, wie wir auf Kritik reagieren – die Liste liesse sich beliebig fortsetzen.

Lassen Sie andere für sich werben
Ganz ehrlich: Der Spruch „Eigenlob stinkt" muss einen wahren Kern haben. Wir empfinden Reklame für die eigene Person fast durchwegs als anrüchig. Nach wie vor verspüren wir Hemmungen, unsere Vorzüge allzu offenkundig selbst ins Spiel zu bringen. Grosszügig lobende Menschen sind ein Glücksfall und wollen herangezogen und gepflegt sein. Die Zauberworte dafür heissen Networking und Wechselseitigkeit. Networking, weil nur der, der viele Menschen kennt, auch geeignete Fürsprecher finden wird. Und Wechselseitigkeit, weil niemand uneigennützig Ihr Loblied singt, wenn er umgekehrt nicht auch mit Ihrer Unterstützung rechnen kann. Achten Sie darauf, dass die Balance zwischen Geben und Nehmen stimmt.

Mobilisieren für den dritten Lebensabschnitt

Alle Veränderungen, sogar die meistersehnten, haben ihre Melancholie. Denn was wir hinter uns lassen, ist ein Teil unseres Selbst. Wir müssen einem Leben Lebewohl sagen, bevor wir in ein anderes eintreten können. Anatole France.

Wie Recht hat doch Anatole France! Die Frage stellt sich nur, ob derjenige, der in diese Situation kommt, wirklich Lebewohl sagen kann. Warum eigentlich nicht? Es gilt ja nun, sich auf den nächsten Lebensabschnitt vorzubereiten. Entwickeln Sie für sich positive Visionen und Träume, die Ihnen Lust und Freude machen. Für mich persönlich, als ehemaligen Generalstabschef der Schweizer Armee, ist oder war das der Traum, einmal ein privatrechtliches Unternehmen zu führen oder im Bereich der Beratung vor Ort und in der Ausbildung tätig zu sein. Wie findet man zu seiner Vision oder seinem Traum? Ich habe zum Beispiel für mich eine Analyse vorgenommen und die notwendigen Konsequenzen gezogen. Heute, in meinem dritten Lebensabschnitt, arbeite ich als Senior-Partner im leistungsfähigen PRO4S-Team, das zum Ziel hat, Menschen zu mobilisieren, „Macher vor Ort" vorzuleben. Es macht mir Spass, mit jungen Akademikern zusammenzuarbeiten, von ihnen zu lernen und gleichzeitig meine reichen Erfahrungen einzubringen. Wie konnte ich meine Vision, in deren Vordergrund die Arbeit mit Menschen steht, verwirklichen?

Kein Rezept, aber ein möglicher Weg zum Ziel

Mental vorbereiten

Man muss sich mit dem Problem beschäftigen, vom umworbenen Chef zum Nobody zu werden. Die im Berufsleben teilweise als nervend empfundene Informationsflut wird plötzlich wieder fast herbeigewünscht. Das mühsam aufgebaute „geschäftige" geschäftliche Umfeld fehlt plötzlich. Man muss erkennen, dass viele Einladungen nicht der Person, sondern der Funktion gegolten haben. Ängste sollte man jedoch nicht entstehen lassen, denn Angst ist ein schlechter Ratgeber, gerade in dieser wichtigen Zeit des persönlichen Change. Der Mensch braucht Herausforderungen. Suchen Sie sie und stellen Sie sich ihnen! Das Planen neuer Lebensinhalte muss bereits während des aktiven Berufsalltags beginnen.

Bündeln der Erfahrungen

Sind Sie stolz auf die von Ihnen erbrachten Leistungen, bündeln Sie Ihre Erfahrungen, stellen Sie Ihre Person wieder in den Vordergrund, denken Sie vorwärts. Dies erleichtert das Loslassen des Berufsalltags und ermöglicht es Ihnen, Kräfte für den dritten Lebensabschnitt zu mobilisieren.

Hinwendung zum Menschen

Herausfordernd für jeden Chef ist es doch, mit Menschen (ob Kunden, Mitarbeitende oder Kollegen) zusammenzuarbeiten, gemeinsam Ziele zu erreichen sowie miteinander Erfolg und Spass zu haben. Oft leidet unter dem Druck des Tagesgeschäfts die Pflege der zwischenmenschlichen Beziehungen. Aussagen wie: „Der Mensch ist das höchste Gut eines Unternehmens", oder: „Wir müssen das Know-how der Mitarbeitenden nutzbringend ins Unternehmen einbringen", bleiben oft nur leere Worte.

Lehren und Konsequenzen

- Mobilisieren Sie Ihre Mitarbeitenden zu Gunsten des Unternehmens
- Nehmen Sie sich Zeit für Ihre Mitarbeitenden
- Teilen Sie ihnen mit, was Sie von ihnen halten
- Schaffen Sie Vertrauen durch Ihre vorbildliche Haltung
- Verlangen Sie Disziplin und Identifikation mit dem Unternehmen
- Man muss Menschen mögen (4M)

Diese Erfahrungen sollten gerade im heutigen Umfeld durch erfolgreiche, glaubwürdige und erprobte Chefs weitergegeben werden.
Persönliche Konsequenz:
Ich will in meiner neuen Herausforderung wieder mit Menschen zu tun haben!

Visionen verwirklichen

Mit verschiedenen Reformen und Einsätzen konnte ich Visionen, die ich mit Mitarbeitenden vor Ort entwickelte, verwirklichen. Sie haben uns motiviert, mobilisiert, aktiviert und unvorhersehbare Kräfte entfaltet. Persönlich verfolgte ich die Vision und das Ziel, dass die Frau in der Armee alle Funktionen und Grade einnehmen könne. Wie stolz war ich, als tatsächlich die erste Frau zum Generalstabsoffizier befördert wurde!

Persönliche Konsequenz:
In meiner neuen Herausforderung müssen Visionen Platz haben.

Arbeiten in Netzwerken
Arbeiten in Netzwerken war eine klare Bedingung.

Kommunizieren
Während meines gesamten Berufslebens war für mich die einfache, verständliche Kommunikation entscheidend. Die angesprochenen Menschen mussten verstehen, was man sagte, freie Interpretation war nicht erwünscht. Schwierige Vorgänge mussten visualisiert werden können.
Persönliche Konsequenz:
Kommunizieren und Visualisieren wird weiterhin ein Bestandteil meines Lebens sein.

Kompensieren
Familie, Freundschaften, kulturelle Veranstaltungen und persönliche Hobbys mussten vielfach aus Termingründen vernachlässigt werden.
Persönliche Konsequenz:
In meinem dritten Lebensabschnitt werden die unerfüllten Wünsche wieder den nötigen Platz und vor allem die ersehnte Zeit finden.

Haben sich meine Vision und mein Traum erfüllt? Durch die frühzeitige Mobilisierung und Fokussierung der Kräfte ist meine Vision in Erfüllung gegangen. Ich bin ein glücklicher Mensch und sehe meiner Zukunft mit Freude entgegen. Dazu hat meine Familie, vor allem aber meine Frau, ganz wesentlich beigetragen.

Mobilisieren für den dritten Lebensabschnitt

Auf die Erfolgsumgebung kommt es an

Viele Leute werten Arbeiten als notwendiges Übel, um Geld zu verdienen. Ihre Aussage: „Ich arbeite, um zu leben." Gilt das heute noch? Haben wir durch technischen Fortschritt, Globalisierung und Gleichheit der Chancen für Mann und Frau nicht neue Gestaltungsmöglichkeiten?

Gemessen an der Zeit, die wir mit Arbeiten verbringen, schenken wir der Arbeitsgestaltung und der Arbeitsumgebung bedauerlicherweise wenig Beachtung. Vor allem neigen wir dazu, das Private vom Geschäftlichen zu trennen.

Die moderne Arbeitswelt ist grösstenteils immer noch durch Polarisierung gekennzeichnet. In der Wahrnehmung der Mitarbeitenden existieren z.B. klare Trennlinien zwischen Arbeits- und Wohnort, Arbeit und Ferien, stationärem und mobilem Einsatz. Nicht zuletzt gilt: „Erschöpft und krank durch Arbeit – erholt und gesund durch Freizeit."

Was passiert, wenn wir gedanklich diese Gegensätze auflösen? Lassen Sie uns alternative Beispiele durchdenken!

Das Büro zuhause
Bei PRO4S arbeitet jeder Partner in seinem eigenen Home-Office. Wichtigste Voraussetzung für

diese dezentrale Struktur ist eine hervorragende IT-Vernetzung. Sie erlaubt es uns allen, überall und jederzeit auf unsere Daten zuzugreifen, vor allem auch, wenn wir beim Kunden vor Ort sind.

Dank Messenger hat keiner von uns das Gefühl, nachts nur noch allein zu schuften. Trotz räumlicher Distanz sind wir verbunden. Wirtschaftlich betrachtet hat das natürlich zusätzliche Vorteile. Da wir meistens beim Kunden vor Ort sind, müssen wir keine teuren Büroräumlichkeiten, die oft nicht genutzt werden, unterhalten.

Für die Familie ist durch die räumliche Nähe die Arbeit, die Firma, selbstverständlicher Bestandteil des täglichen Lebens. Besonders die Kinder schätzen die körperliche Anwesenheit, auch wenn keine Zeit für Spiele oder Gespräche ist. Der Vater stellt somit nicht mehr eine am Wochenende auftauchende Person dar, an die sich Frau und Kinder erst wieder gewöhnen und anpassen müssen, denn er ist besser in das alltägliche Familiengeschehen integriert, was zum besseren Verständnis auf beiden Seiten beiträgt.

Erfolgsumgebungen gestalten
Was heisst dieses Zuhause-Arbeiten für Sie und Ihre Familie? Richten Sie Ihr Augenmerk auf die räumliche Gestaltung und die Positionierung des Büros im Haus. Verwöhnen Sie sich mit Material, Farben und Musik, die sie positiv beeinflussen. Sie sollen sich wohl fühlen und nicht nur funktionieren, schliesslich verbringen Sie mehr Zeit im Büro als im eigenen Wohnzimmer. Arbeit und Familie müssen unabhängig voneinander sinnvoll erlebbar sein: Sie müssen in Ruhe trotz tobender Kinder telefonieren oder Besucher ohne Störung empfangen können. Optimal ist darum eine separate Etage oder Ebene für das Büro. Jeder von uns hat sein eigenes Ritual für den Feierabend gefunden. Um abzuschalten, reicht es dem einen, den Rechner runterzufahren, dem andern, die Tür zu schliessen. Alle wissen: Am Ende der Treppe ist Feierabend.

Arbeit und Ferien
Die Menschen geben heute viel Geld für ihre Freizeit aus. Sie fliegen in ferne Länder, setzen sich intensiv mit fremden Kulturen auseinander, bilden sich weiter. Könnte es gelingen, dieses Engagement auch für die Mobilisierung in einer Firma zu nützen?

Schon heute hat sich die Erkenntnis durchgesetzt, dass Seminare vorzugsweise an sehr schönen Orten durchgeführt werden sollen. Warum? Um die Energie und die Kreativität der Teilnehmenden zu mobilisieren. Gehen wir einen Schritt weiter: Sie bringen auch ihre Familien mit; statt zwei Tage dauert das Seminar fünf Tage – übers Wochenende!

Arbeit als Erholung
Versetzen Sie sich gedanklich in die Lage einer Hausfrau mit zwei kleinen Kindern: Verglichen mit der Arbeit im Büro ist deren Belastung häufig viel grösser – wenn dies auch in unserer Gesellschaft häufig nicht zugegeben wird. Oder haben Sie von einem Ihrer Kollegen schon mal folgenden Spruch gehört? „Ich habe diese Woche noch keine einzige Nacht geschlafen, da die Kinder krank gewesen sind und meine Frau in einem

Auf die Erfolgsumgebung kommt es an

Seminar gewesen ist. Zum Glück ist heute Montag und meine Frau ist wieder da..." Im täglichen Trott haben viele Menschen das Gefühl, dass die Arbeit sie krank mache, sie auspowere und sie sich darum unbedingt erholen müssten. Ist das wirklich so? Drehen wir den Spiess doch einfach mal um: Was passiert, wenn wir keine Arbeit mehr haben oder unvorbereitet in Rente gehen müssen? Häufig zeigt sich dann, dass die Menschen erst recht krank werden: Die Kommunikation verarmt, Beziehungen gehen verloren. In diesen Situationen leiden die Betroffenen häufig viel mehr. Ist die Möglichkeit, Privat- und Arbeitsleben zu vereinen, nur zuhause möglich oder können wir diese Vorstellung noch weiterentwickeln und leben? Können wir unser Zuhause nicht mobilisieren und irgendwo in der Welt arbeiten, unabhängig von Ort und Zeit, den täglichen Stau im Auto nur auf uns nehmen, wenn es nötig ist? Arbeiten, wo andere Urlaub machen, unseren Kindern schon in frühen Jahren die Möglichkeit bieten, die Vielfalt der Kulturen, Länder und Sprachen kennen zu lernen, zumindest einige Wochen im Jahr?

Wie dieses Buch entstand...

Die Mobilisierungsprinzipien wenden wir auch in unserem privaten Leben an. Lassen Sie uns beschreiben, wie wir dieses Buch erarbeitet haben.

Da uns während der normalen Arbeitszeiten die Zeit fehlt, unsere Philosophie niederzuschreiben, haben wir folgende Idee umgesetzt:

Wir – das PRO4S-Kernteam – haben uns entschieden, unsere grundsätzlichen Überlegungen gemeinsam mit unseren Partnern, die weltweit tätig sind, zu Buche zu tragen. Sie aber alle an einem Meeting zusammenzubringen, war fast ein Ding der Unmöglichkeit. Daher suchten wir ein Setting, das für alle attraktiv genug war, daran teilzunehmen. Nur, wer ist bereit, seine Ferien für ein Buch-Projekt zu opfern? Wären Sie es? Wäre Ihre Frau oder Ihr Mann oder wären Ihre Kinder bereit, während dreier Wochen auf Sie zu verzichten? Uns war klar, dass wir auch

> **Gedankenstopp**
>
> *Wie bringen Sie Ihre Visionen in Ihrer Firma aufs Papier? Wäre unser Vorgehen nicht auch eine Chance für Sie? Bringen Sie Ihre Leute zusammen und schreiben, arbeiten Sie miteinander – an einem motivierenden, reizvollen Ort. Brauchen Sie Hilfe oder Tipps? Wenden Sie sich an uns: www.pro4s.com*

die Wünsche unserer Ehepartner und Kinder in unser Vorhaben einzubeziehen hatten. Wir wurden uns bald einig, dass wir alle zusammen, die Partner mit Kind und Kegel, drei Wochen lang in den Buch-Urlaub fahren. Das Motto war: Savoir et vivre – mit einer Prise Leidenschaft!

Wer vor Was vor Wie plus Vernetzen

Wer und *Was* standen von Anfang an fest: unsere drei Gründungspartner mit Ehefrauen und deren Kindern, unsere Senioren, beispielsweise Hansulrich Scherrer, Generalstabschef der Schweizer Armee a.D., mit seiner Gattin Marlies sowie weitere Partner mit ihren Ehefrauen, insgesamt zwölf Erwachsene und vier Kinder. Ziel: ein Buch in drei Wochen schaffen.

Mobilisierungsplattform für Macher vor Ort

Dann war der Ort zu wählen. Wo wollen wir schreiben? Wo fühlen wir uns alle wohl? Wo können wir allen Bedürfnissen gerecht werden? Wir haben uns für ein Wellnesshotel entschieden: Im Hotel Schwarz in Mieming (Tirol, Österreich) haben wir den idealen Standort gefunden (www.schwarz.at). Sechs Stunden täglich schreiben wir gemeinsam an unserem Buch. Dafür stellt uns das Hotel die Seminarräume zur Verfügung. Sie sollten das sehen: Beamer, Tablet-PCs, Laptops und Kabel, so weit das Auge reicht! Ideale Voraussetzungen für unser Prinzip: *Macher vor Ort!* Mit gebündelter Energie macht es riesigen Spass zu sehen, wie schnell dieses Buch entsteht. Parallel mit dem Schreiben wird

Wie dieses Buch entstand...

von einer fachkundigen Partnerin das Layout kreiert mitsamt Grafiken und Bildern, die ebenfalls direkt vor Ort erstellt und eingearbeitet werden.

Es ist Halbzeit: Besuch von einem Partner, einem Journalisten. Er bringt einen Tag lang seine Tipps und Erfahrungen ein, sodass wir uns frisch motiviert an die zweite Hälfte machen.

Nach den sechs Stunden Schreibarbeit bleibt uns Zeit für die Familien, für Sport und Wellness. Am Abend tauscht sich die grosse PRO4S-Familie beim gemeinsamen Essen an unserer festlichen Tafel aus. Wie in einer Grossfamilie haben alle viel zu berichten. Jeden Abend fliessen neben gutem Wein auch viele Feedbacks und neue Ideen. Die Kinder berichten von ihren Erlebnissen im Kinderclub oder auf dem Tennisplatz. Alle tanken so wieder Energien, die dann auch ins Buch eingebracht werden. Schade, dass Sie selbst nicht dabei gewesen sind. Diese gebündelte Energie müssten Sie spüren: Was gibt es Schöneres, als mit den richtigen Menschen an einem so besonders reizvollen Ort zusammen tätig und glücklich zu sein? Und wenn zum Schluss dann noch ein Buch als Produkt herauskommt...

PRO4S
Partner und Kunden

Zum Schluss noch was zum Anfang

PRO4S
& Partner GmbH
■ Strategy
■ Systems
■ Solutions
■ Support

Am Ende dieses Buches möchten wir nochmal an den Anfang zurückkehren: Wie gründet man ein erfolgreiches Unternehmen?

Am besten machen Sie ein gutes Konzept, schreiben einen umfangreichen Businessplan, erstellen Hochglanzfolien für die Banken oder irgendwelche Investoren und geben Ihr (letztes) Geld für einen Haufen Technologie aus. So oder so ähnlich steht es heute in fast allen modernen Managementbüchern. Und genau so haben wir es nicht (!) gemacht. Unsere Firma entstand nur aus einem einzigen Grund: dem festen Willen dreier Kollegen, etwas gemeinsam zu machen und den Erfolg zu suchen, den wir heute das Wer-vor-Was-vor-Wie-Prinzip nennen. Wo ein Wille ist, ist auch ein Weg, heisst es im Volksmund. Für uns hiess das: Wo ein Wille ist, müssen Aktionen folgen. Der formale Weg, eine Firma zu gründen, ist im Prinzip leicht, und wir haben in den letzten Jahren einigen Kollegen zur erfolgreichen Selbstständigkeit verholfen. Vorher müssen viele Entscheidungen gefällt werden: Rechtsform, Startkapital, Geschäftsführung und: ein Name!

Was der Name PRO4S bedeutet...
Diese Entscheidung fiel uns am schwersten! Jeder Partner grübelte, aber keinem wollte ein vernünftiger Name in den Sinn kommen. Natürlich erzählten wir auch in unserem Bekanntenkreis, dass wir eine Firma gründen wollten. Selbst in unserem Netzwerk diskutierten wir mit zahlreichen Freunden immer wieder auch mögliche Namen.

Von „Merlin" über „Galahad" aus der Mythologie bis hin zu einem trockenen „KMT" (Koller-Müller-Tockenbürger) reichten die Vorschläge, aber alle wurden verworfen.

Einer unserer Freunde meinte, wegen des hippen Trends zur New Economy müsse ein englisches Wortspiel her. Er sprach von U2 und 4Y und gelangte schliesslich zu 4S. Auch dieser Vorschlag wurde zunächst verworfen, da 4S sehr nah an den militärischen Begriff „Force" andockte, was uns doch ein bisschen extrem erschien. Ein anderer Freund stellte dann eine weitere Frage: „Was wollt ihr eigentlich machen?" Die Antwort kam etwas vage, da wir das „Was" noch nicht richtig geklärt hatten: „Ausbildungs-PROjekte, evtl. PROzessoptimierung und PROgrammierung von LernPROgrammen." Dann kam der entscheidende Vorschlag: „Nennt es doch PRO-4S!" Alle waren begeistert bis auf unseren dritten Partner, der leider an jenem Abend nicht bei uns war. Als wir dann zu dritt den Vorschlag erwogen, verlief die Diskussion zunächst etwas schwierig.

**Zum Schluss
noch was zum Anfang**

Warum? Wir mussten erst das Kommunikationsprinzip auch intern anwenden, nämlich den dritten Partner in die Lösungsfindung einbeziehen. Und in dieser heiklen Situation lieferte er einen entscheidenden Beitrag: PRO4S bedeute für ihn: PRO = positiv und 4S = Kraft, insgesamt also eine positive Kraft, um Menschen zu mobilisieren!

Dank an unsere Kunden

Seit mehr als fünf Jahren erarbeiten wir gemeinsam mit unseren Kunden vor Ort Lösungen durch die Schaffung von Mobilisierungsplattformen zur Befähigung und Motivation der Mitarbeitenden in zahlreichen Unternehmen. Den Mitarbeitenden und den Führungskräften in diesen Unternehmen gebührt unser besonderer Dank. Die Arbeit mit ihnen motiviert uns täglich aufs Neue und hat uns geholfen, die Hebel und Prinzipien der Mobilisierung zu entdecken und zu entwickeln. Dank der Arbeit mit unseren Kunden konnten wir diese Konzepte in weltweiten Befähigungs-, Veränderungs- und Mobilisierungsinitiativen anwenden. Mobilisierungsplattformen und Qualifizierungsoffensiven in Argentinien, Belgien, Brasilien, China, Deutschland, Frankreich, Griechenland, Grossbritannien, Italien, Indien, Japan, Luxemburg, Mexiko, Österreich, Rumänien, der Schweiz, in Spanien, Ungarn, der Slowakei, in Südafrika, Thailand, Tschechien und den USA sowie das Feedback von über 10 000 Menschen aus über 60 Unternehmen haben uns gefordert, aber auch bestätigt, dass die Quintessenz des Erfolgs in der Mobilisierung von Menschen besteht.

Internationale Konzerne, aber auch kleine und mittlere Unternehmen aus zahlreichen Branchen, beispielsweise Dienstleistungsunternehmen wie Banken und Versicherungen, internationale Logistikunternehmen ebenso wie Unternehmen aus dem Anlagen- und Maschinenbau, der Telekombranche, der IT- und der Elektronikindustrie sowie aus dem Gesundheitswesen und Non-Profit-Organisationen konnten wir befähigen, sich selbst zu befähigen. Sie wenden unsere Mobilisierungskonzepte an und haben damit Erfolg.

Autorenteam

Walter Urs Koller
Dr. oec. HSG
Partner PRO4S & Partner GmbH
- Lehrbeauftragter Universität St.Gallen, Referent Steinbeis-Hochschule Berlin und European Business School
- Experte für Mobilisierungsplattformen und Unternehmensentwicklung

Hart arbeiten, hart geniessen

Mathias Müller
Dr. oec. HSG
Partner PRO4S & Partner GmbH
- Lehrbeauftragter Universität St.Gallen und Steinbeis-Hochschule Berlin, Referent European Business School und University of Salzburg Business School
- Experte für strategische Veränderungsinitiativen

Integrieren statt separieren

Lüder Walter Tockenbürger
Dr. oec. HSG
Partner PRO4S & Partner GmbH
- Lehrbeauftragter Universität St.Gallen und Steinbeis-Hochschule Berlin, Referent European Business School und University of Salzburg Business School
- Experte für strategische Befähigungsinitiativen

Geht nicht gibts nicht

Autorenteam

Auf die Plätze, fertig, los!

Prisca Koller
Verkaufsleiterin
Partner PRO4S & Partner GmbH
- Trainerin für Kommunikation, Verkauf und Führung
- Expertin für Mobilisierung von Frauen

Setzen Sie sich ins richtige Licht

Monika Koller Müller
Grafikerin/Werbeberaterin
Partner PRO4S & Partner GmbH
- Trainerin für Kommunikation, Verkauf und Führung
- Expertin für Grafikkonzept & -design
- Farb-, Stil- und Imageberaterin

Gemeinsam zum Erfolg

Petra Tockenbürger
Dipl. Betriebswirtin (BA)
Partner PRO4S & Partner GmbH
- Trainerin für Kommunikation, Verkauf und Führung
- Expertin für Projektmanagement und Health Care

Autorenteam

Man muss halt reden miteinander

Ernst Amport
Kaufmann
Partner PRO4S & Partner GmbH
- Ausbildungsexperte für innerbetriebliche Zusammenarbeit und Förderung von Ausbildungsverantwortlichen
- Experte für Ausbildung und Trainings

Erfolg durch zielorientierte Teamarbeit

Arthur Ruf
Dr. Ing. ETH
Ehemaliges GL-Mitglied Bühler AG
Partner PRO4S & Partner GmbH
- Kommissionspräsident Schweizerische Akademie der Technischen Wissenschaften
- Vorstandsmitglied der DECHEMA
- Experte für Technologiemanagement

Man muss Menschen mögen

Hans-Ulrich Scherrer
Ehemaliger Generalstabschef der Schweizer Armee
Partner PRO4S & Partner GmbH
- Lehrbeauftragter Hochschule für Technik und Wirtschaft Chur
- Experte für Führung und Projektmanagement

PRO4S Partner

Nation	Wohnort	Sprachen	Name	Rolle
🇨🇭	🇨🇭	🇩🇪 🇬🇧 🇫🇷 🇪🇸	Dr. oec. HSG Walter Urs Koller	Geschäftsführender Partner
🇨🇭	🇨🇭	🇩🇪 🇬🇧 🇫🇷 🇮🇹	Dr. oec. HSG Mathias Müller	Geschäftsführender Partner
🇩🇪	🇨🇭	🇩🇪 🇬🇧	Dr. oec. HSG Lüder Walter Tockenbürger	Geschäftsführender Partner
🇩🇪	🇨🇭	🇩🇪 🇬🇧 🇫🇷	Dipl. oec. (BA) Petra Tockenbürger	Partner, Kommunikation, Verkauf, Führung
🇨🇭	🇨🇭	🇩🇪 🇬🇧 🇫🇷	Prisca Koller	Partner, Kommunikation, Verkauf, Führung
🇨🇭	🇨🇭	🇩🇪 🇬🇧 🇫🇷	Monika Koller Müller	Partner, Kommunikation, Verkauf, Führung, Grafik
🇨🇭	🇨🇭	🇩🇪 🇬🇧 🇫🇷 🇮🇹	Dr. Ing. ETH Arthur Ruf	Senior Partner, Führung, Strategie, Technologie
🇨🇭	🇨🇭	🇩🇪 🇬🇧 🇫🇷	Hans-Ulrich Scherrer	Senior Partner, Führung, Strategie, IT-Projekte
🇨🇭	🇨🇭	🇩🇪 🇬🇧 🇫🇷 🇮🇹	Ernst Amport	Partner, Verkauf, Führung, Kommunikation
🇨🇭	🇺🇸	🇩🇪 🇬🇧 🇫🇷	Gus Boller	Senior Partner, USA, International Sales Management
🇨🇭	🇨🇭	🇩🇪 🇬🇧 🇫🇷	Ing. (FH) Rémy Wicht	Senior Partner, Südafrika, International Sales Management
🇩🇪	🇩🇪	🇩🇪 🇬🇧	Thomas Flum	Partner, CEO digital spirit Berlin
🇨🇭	🇨🇭	🇩🇪 🇬🇧	Dr.-Ing. Dipl.-Wirt. Ing. Lothar Natau	Senior Partner, Strategisches Management & Business Excellence
🇳🇱	🇬🇧	🇩🇪 🇬🇧 🇫🇷 🇳🇱	Dr.-Ing. M. Sc. (BA) Marcel Dissel	Partner, Innovation, Technologie, England & Holland
🇨🇭	🇨🇭	🇩🇪 🇬🇧 🇫🇷	Peter von Grebel	Senior Partner, Führung, Strategie, Sales Management, Verkauf
🇪🇸	🇦🇹	🇩🇪 🇬🇧 🇪🇸	Felix Garayo	Partner, Marketing Tools, CRM
🇨🇭	🇨🇭	🇩🇪 🇬🇧 🇫🇷	Dr. Harry Wiener	Senior Partner, Organizational Behaviour
🇨🇭	🇨🇭	🇩🇪 🇬🇧 🇫🇷	Dr. iur. Erwin Steiger	Senior Partner, Führung, Strategie, Financial Services
🇩🇪	🇨🇭	🇩🇪 🇬🇧	Dipl.-Psychologin Marion Wolff	Partner, Kommunikation, Management, Führung
🇨🇭	🇨🇭	🇩🇪 🇬🇧 🇫🇷 🇮🇪	Herbert Bosshart	Partner, Kommunikation
🇨🇭	🇨🇭	🇩🇪 🇬🇧 🇫🇷	Werner Schmid	Partner, E-Learning-Systeme
🇨🇳	🇨🇳	🇬🇧 🇨🇳	Jennifer Yu	Partner, China, Verkauf, Kommunikation, HRD
🇦🇹	🇦🇹	🇩🇪 🇬🇧 🇫🇷	Mag. (FH) Mathias Bösch	Partner, Multimedia, IT-Projekte, Mobile Kommunikation

PRO4S Partner

		Nation	Wohnort	Sprachen
Universitäre Kooperationen				
Prof. Dr. Johannes Rüegg-Stürm	Universität St.Gallen, Institut für Betriebswirtschaft	🇨🇭	🇨🇭	🇩🇪 🇬🇧 🇫🇷
Prof. em. Dr. Dres h.c. Rolf Dubs	Universität St.Gallen, Institut für Wirtschaftspädagogik	🇨🇭	🇨🇭	🇩🇪 🇬🇧 🇫🇷 🇮🇹
Prof. Dr. Dieter Euler	Universität St.Gallen, Institut für Wirtschaftspädagogik	🇨🇭	🇨🇭	🇩🇪 🇬🇧 🇫🇷
Prof. Dr. Christoph Metzger	Universität St.Gallen, Institut für Wirtschaftspädagogik	🇨🇭	🇨🇭	🇩🇪 🇬🇧 🇫🇷
Prof. Dr. Thomas Friedli	Universität St.Gallen, Institut für Technologiemanagement	🇨🇭	🇨🇭	🇩🇪 🇬🇧 🇫🇷 🇮🇹
Unsere Partner für die Realisierung der Aktionsprogramme				
Bruno Breitenmoser	CEO per4m & partner AG	🇨🇭	🇨🇭	🇩🇪 🇬🇧 🇫🇷
Walter Gattiker	Projektleiter, Verkauf	🇨🇭	🇨🇭	🇩🇪 🇬🇧 🇫🇷 🇮🇹
Theo Rutschmann	Kommunikationsleiter, Projektleiter	🇨🇭	🇨🇭	🇩🇪 🇬🇧 🇫🇷
Marc Ammann	Projektleiter, Design	🇨🇭	🇨🇭	🇩🇪 🇬🇧 🇫🇷 🇮🇹
Peter Artho	Telematik, Netzwerk, Security	🇨🇭	🇨🇭	🇩🇪 🇬🇧
Romy Gerhard	HR-Development, Ausbildungsmanagement	🇨🇭	🇨🇭	🇩🇪 🇬🇧 🇫🇷
Martin Gartmann	Netzwerk, Security & eSolutions	🇨🇭	🇨🇭	🇩🇪 🇬🇧
René Eugster	Direct Marketing, Kommunikation	🇨🇭	🇨🇭	🇩🇪 🇬🇧 🇫🇷
Unsere E-Learning-Partner in Berlin				
Thomas Flum	CEO digital spirit	🇩🇪	🇩🇪	🇩🇪 🇬🇧
Gisela Flum	digital spirit institutes, Trainerin für Kommunikation	🇩🇪	🇩🇪	🇩🇪 🇬🇧
Uli Funke	Produktion	🇩🇪	🇩🇪	🇩🇪 🇬🇧
Ellen Isernhagen	Services, Promotionsmaterialien, Support	🇩🇪	🇩🇪	🇩🇪 🇬🇧

Verwendete und weiterführende Literatur

Collins, J.: Der Weg zu den Besten. Die sieben Management-Prinzipien für dauerhaften Unternehmenserfolg. München: Deutscher Taschenbuch Verlag, 2004.

Dubs, R.; Euler, D.; Rüegg-Stürm, J.; Wyss, C.E.: Einführung in die Managementlehre. Bern, Stuttgart, Wien: Haupt Verlag, 2004, 5 Bände.

Heiman, S. E.; Sanchez, D.: The new Strategic Selling. Warner Books: 1998.

Hierhold, E.: Sicher präsentieren – wirksamer vortragen: Neue Strategien, Taktik, Tips und Tricks für den überzeugenden Auftritt. 4., überarb. Aufl. Wien: Wirtschaftsverlag Ueberreuter, 1998.

Koller, W.: Das Design computerunterstützter Lehr-/Lern-Arrangements: Modellrahmen, Integration und Fallstudie. St.Gallen, Diss., 1995.

Märtin, D.: So kommen Sie zur Geltung. Image als Schlüssel zum Erfolg. München: Wilhelm Heyne Verlag, 2004.

Müller, M.: Prozessorientierte Veränderungsprojekte – Fallbeispiele des Unternehmenswandels. St.Gallen, Diss., 1999.

Page, R.: Hope is not a Strategy. The 6 Keys to Winning the Complex Sale. McGraw-Hill Companies: 2002.

Rüegg-Stürm, J.; Müller, M.; Tockenbürger, L.; Koller, W.: Optimierung in Unternehmen. In: Dubs, R., Euler, D., Rüegg-Stürm, J., Wyss, Ch. (Hrsg.), Einführung in die Managementlehre. Band 4. Bern: Haupt, 2004, S. 223-252.

Tockenbürger, L.: Controlling prozessorientierter Restrukturierungen. St.Gallen, Diss., 2000.

Links

Mental mobilisieren:
www.aa-training.ch

Mit E-Learning mobilisieren:
www.digital-spirit.com

Mobilisieren im Health & Care Management:
www.calcucare.de

European Business School:
www.ebs.de

Mobilisierte Frauen:
www.femotion.com

Hochschule für Technik und Wirtschaft Chur:
www.fh-htwchur.ch

Institut für Betriebswirtschaft der Universität St.Gallen:
www.ifb.unisg.ch

University of Cambridge:
www.ifm.eng.cam.ac.uk

Institut für Technologiemanagement der Universität St.Gallen:
www.item.unisg.ch

Institut für Wirtschaftspädagogik der Universität St.Gallen:
www.iwp.unisg.ch

Managementlehre der Universität St.Gallen:
www.managementlehre.ch

Mit Marketingkommunikation mobilisieren:
www.p4m.ch

Die Erfolgsumgebung:
www.schwarz.at

University of Salzburg Business School:
www.smbs.at

Steinbeis-Hochschule Berlin:
www.steinbeis.de

und natürlich…
www.pro4s.com